DEUTSCHE SEXFANTASIEN
DEUTSCHLAND GEHT FREMD

K. T. N. LEN'SSI

Was echte
SEXANZEIGEN UND ANTWORTEN
über deutsche Sexgeheimnisse verraten

DAS SUCHT UND ANTWORTET DEUTSCHLAND IM NETZ

57 Anzeigen, über 300 Antworten

EIN BISSCEHN SPASS MUSS SEIN
aber
IN SACHEN SPASS AM SEX KENNT DEUTSCHLAND KEINEN SPASS

Besuche uns im Internet:

www.indayi.de

Bibliografische Information der Deutschen Nationalbibliothek:
Die Deutsche Nationalbibliothek verzeichnet diese Publikation in der Deutschen Nationalbibliografie; detaillierte bibliografische Daten sind im Internet über http://dnb.d-nb.de abrufbar.

2. Auflage Februar 2016

Printed in Germany

Umschlaggestaltung, Satz und Lektorat: Birgit Pretzsch

ISBN-13: 978-3-946551-40-9

Anmerkung

Die Anzeigen und Antworten sind im Original so wiedergegeben, wie sie mir geschickt wurden.

Ich habe keine Fehler, weder Grammatik- oder Rechtsschreibungsfehler noch sonstiges, korrigiert. Diese Korrektur hätte meiner Meinung nach den Sinn der Texte geändert.

Es geht darum, dass man sich Anhand der verschiedenen Texte der Anzeigen und Antworten selbst eine Meinung bilden und sich vorstellen kann, welche Art von Person der oder die Verfasser/in sein könnte, aus welchen Kreisen er/sie stammen und welcher Herkunft er/sie könnte, welches intellektuelles Niveau er/sie haben könnte, usw.

Man kann sich Anhand eines Texten fragen, ob er oder sie Akademiker/in, einfache/r Arbeiter/in, Ausländer/in, Wohlhabende/r ist oder nicht, ob er/sie aus einfachen Verhältnissen stammt oder nicht, usw.

Es war mir deshalb sehr wichtig, an den ursprünglichen Texten nichts zu ändern. So behält das Buch seine Originalität, Authentizität und seinen Charakter. Es geht dir auch nicht darum, perfekte Texte zu lesen, sondern zu erfahren, was die Menschen im Netz in Sachen Sex suchen und worüber sie lachen.

Die meisten Texte wurden mir bereits mit schon gestrichenen Namen und Orten geschickt, damit sie unkenntlich sind. Den Rest habe ich mit XXXX gezeichnet.

Die Anzeigen und Antworten spiegeln ein bisschen die Realität wieder: es ist einfach so, dass Anzeigen von Frauen mehr Antworten bekommen, als Anzeigen von Männern, oder Anzeigen wie „Paar sucht sie“ weniger Rückmeldungen bekommen als Anzeigen wie „sie sucht Paar“.

Bei der Wortwahl wirst du merken, dass Schwule zum Beispiel viel direkter sind als andere und Frauen viel diplomatischer.

Über den Autor

Bewusstsein verändern, Persönlichkeit stärken, Vertrauen gewinnen, Liebe geben und nehmen, (inneren) Reichtum erzeugen!

Menschen dazu bringen, zu sehen, was nicht sichtbar ist; zu lesen, was nicht geschrieben ist; zu denken, was nicht denkbar ist; zu fühlen, was nicht spürbar ist; zu hören, was keinen Lärm macht! Damit Menschen glücklicher werden. So könnte man die Arbeit des Autors als Coach resümieren, wie es auf seiner Homepage www.mycoacher.jimdo.com steht. Seine Ratgeber machen glücklich, denn sie lösen Probleme.

K.T.N. Len'ssi kommt ursprünglich aus Kamerun und lebt seit über 24 Jahren in Deutschland.

Er ist Marketingberater, Coach, Lebensberater, Buchautor und Herausgeber von zahlreichen Ratgebern als E-Books. Er schreibt und berät über Themen, die die Menschen bewegen, die mit schwerem Schicksal zu tun haben oder auch bei manchen Tabu sind.

Sein afrikanisch inspiriertes Coaching für Beruf, Seele (Stress, Burnout, Depression usw.), Spiritualität, Mentales, Körper, Familie, Kindererziehung, Frauen und Weiblichkeit, Partnerschaft, Liebe und Sexualität findet immer größeren Anklang sowohl bei Prominenten, Führungspersönlichkeiten als auch bei ganz normalen „Ottonormalverbrauchern".

Die Idee, seine Ratschläge für ein breiteres Publikum aufzuschreiben entstand auf Anregung der zahlreichen

Menschen, denen er helfen konnte, und die ihm zum Teil im ersten Moment skeptisch gegenüberstanden, dann aber doch am Ende sehr zufrieden waren. Diese glücklichen Klient/innen bewegten ihn dazu, zu schreiben, damit seine erfolgreichen und stärkenden Ratschläge und Coachings noch mehr hilfsbedürftige Menschen erreichen können.

Viele Ratschläge und Methoden aus seinem Coaching sind neu, manchmal unkonventionell und deswegen eine gute Ergänzung zu und Erfrischung für herkömmliche Methoden.

Sein Vorteil ist die sehr gute Kenntnis sowohl der europäischen als auch der afrikanischen Kultur und Mentalität. Das macht sein Coaching sehr beliebt bei seinen europäischen Klient/innen.

Anfrage über Einzelcoaching, Vorträge usw. nimmt er gern entgegen unter **ktnlenssi@yahoo.de**

www.lenssi.de

Inhaltsverzeichnis

Sie sucht ihn

Sie sucht sie

Sie sucht Paar

Er sucht sie

Er sucht ihn

Er sucht Paar

Paar sucht sie

Paar sucht ihn

Paar sucht Paar

SM / Fetisch

Vorwort
Warum so ein Buch, werden viele fragen – Interessante Erkenntnisse über unser Sexverhalten

Die Idee, über dieses Thema zu schreiben, kam von einem meiner Klienten, der sich sexuell beraten lassen wollte. Er bat mich, einen erfolgsversprechenden Sexanzeigentext zu schreiben, denn mit seinen Texten hatte er wenig Erfolg. Zusammen studierten wir die Antworten und mussten viel lachen. Er fragte mich, warum ich kein Buch darüber schreibe. Ein Buch, das Spaß macht, ein Buch zum Staunen, zum Lachen, zum Entspannen?

Und die Idee gefiel mir.

In Sachen Spaß mit Sex kennt Deutschland keinen Spaß. Stimmt das? Von wegen, die Deutschen hätten keinen Spaß am Sex? Sie wären scheu und schüchtern, wenn es um Sex geht? Sie wären Sexmuffel und kennen keine Fantasien?

Meine Untersuchung ergab eine andere Antwort und ein anderes Ergebnis: Deutsche Männer und Frauen gehen mit Sex nicht sehr zimperlich um. Wenn es um Spaß rund um den Sex geht, kennen die Deutschen keinen Spaß mehr und machen auch keinen Spaß. Sie suchen, sie lieben, sie *„sexsen"*, was das Zeug hält und sie genießen ihre Sexualität gerne und mit vielen Fantasien – zumindest, wenn es nach den Anzeigen geht. Das ist die Realität, aber warum stehen die meisten nicht selbstbewusst und konsequent dazu?

Es mag sein, dass die Deutschen mit ihren eigenen Partnern wenig Sex haben, aber dafür haben sie mehr Fantasien, wenn es um fremde Haut geht.

Fremdgehen tun viele, aber niemand, oder fast niemand bzw. nur sehr wenige, geben zu, fremdzugehen. Sex-

Verabredungen werden überall angebahnt, am Arbeitsplatz, im Kindergarten, in der Schule, beim Turnen, beim Sport, bei Seminaren, bei Workshop, bei Geschäftsreisen, bei Veranstaltungen, bei Firmenfesten, in Freundschaftskreisen (sogar zwischen guten Freunden, wie die Frau mit dem bestem Freund).

Im Internet ist dann der Teufel los. Es wird mit allen Mitteln Sex gesucht. Jede Gelegenheit wird genutzt, um Spaß am Sex zu haben. „Schatz, ich muss länger arbeiten, Schatz, ich bin mit Paul was trinken gegangen, Schatz, ich gehe shoppen mit Lisa, ich bin beim Frisör, ich muss geschäftlich reisen, Schatz, mein Handy war leer, es gab kein Funkverbindung, usw. Es wird überall getan, sogar zu Hause, wenn der Partner abwesend ist, im Büro, im Auto, in freier Wildbahn, im Swingerclub, im Bordell, bei privat organisierten Sexpartys, usw.

Kaum ein/e Deutsche/r gibt zu, auf schon mal eine Sexseite geschaut zu haben, und wenn er/sie ertappt wird, wird so getan, als wäre man nur zufällig dort gelandet. „Das ist nicht, wie du denkst, ich habe eine komische Nachricht bekommen und wollte sehen was da ist“, würden viele antworten.

Statistiken und Umfragen stellen aber das Sexleben der Deutschen anders dar, als viele es wahrnehmen wollen. Erstaunlicherweise erfahren wir, dass sogar mehr Frauen als Männer fremdgehen. Wer hätte so etwas gedacht, wenn man die Frauen reden hört wie sie den Männern vorwerfen, sie seien schwanz-und triebgesteuert?

Über Sex schreiben? reden? Igitt, das tun man nicht, würden wir sagen, aber heimlich sind wir jeden Tag im Internet und geben Millionen von Anzeigen auf oder antworten auf Anzeigen und verabreden wir uns, nur um Sex zu haben.

Sexseiten sind die meistgesuchten und meist angeklickten Seiten im Internet. Wer sind dann diese Menschen, die diese Seiten anklicken und Pornovideos anschauen?

Diese Fragen waren für mich der Anlass, den Vorschlag meines Kunden aufzugreifen und zu untersuchen, was wir so im Netz suchen und auf welche Anzeigen wir gern antworten. Ich schaltete kleine Annoncen, um Leuten zu suchen, die mir ihre Anzeigen und ihre Antworten schicken würden, und bald kamen die ersten Reaktionen. Schnell stand etwas fest: Wenn die Welt in einer Sache vereint ist, dann in der Sache Sex und Lust.

Ich habe festgestellt, dass viele Menschen aller Hautfarben, schwarze, wie weiße; aller Herkunftsarten, Afrikaner, wie Europäer oder Amerikaner, Araber und Asiaten; aller Sozialklassen, Politiker wie Lehrer, Ärzte wie Bauern, Putzfrauen wie Rechtsanwältinnen, Reiche wie Arme, ältere wie jüngere Menschen, Frauen wie Männer, Christen wie Moslems fremdgehen oder es tun würden, wenn sich die Gelegenheit ergäbe.

Wie du auch den Anzeigen und Antworten entnehmen wirst, sind viele Menschen, die Sex im Internet suchen, verheiratet oder liiert, egal ob hetero oder homo, ob Frau oder Mann. Das ist sehr interessant, weil es häufig Menschen gibt, die oft von Treue reden und sie verlangen und Moralapostel sind. Wir müssten einfach offen dazu stehen, wie die Afrikaner es tun, und diese Scheinheiligkeit beenden. Das ist für mich der wahre Betrug.

Dass wir uns so verhalten, und Sexgefühlen nachgeben, entspricht einfach dem Naturell des Menschen, und wer so etwas tut, sollte auch dazu stehen. Das ist ehrlicher und gesünder.

Die Anzeigen sind lustig und sind eine gute Lektüre, wenn man einfach lachen möchte. Dieses Buch ist zum Lachen und zum Entspannen mit sehr lustigen und unerwarteten Texten, die mich manchmal selbst überrascht und meine Fantasien übertroffen haben.

Ich danke allen, die mir gerne geholfen haben, einen Einblick in den Sex-Anzeigenfantasien der Deutschen zu bekommen.

Du wirst nach der Lektüre mit mir einer Meinung sein, dass die Deutschen überhaupt keinen Spaß machen, wenn es um Spaß mit Sex geht. Sie genießen ihn einfach gern.

In Sache Sex sind die Deutschen erstaunlich fantasievoll und nehmen das Ausleben ihre Gelüste sehr ernst und sind dabei sehr kreativ.

Ja, in Sachen Spaß am Sex kennen die Deutschen keinen Spaß.

Sie sucht ihn

Attraktive Afrikanerin, Studentin sucht weißer ihn für schöne Unternehmungen
elegant, gut aussehend, sehr schöne und knackige afrikanische Figur, intelligent, studiert an der TU, sucht einen ebenso attraktiven Mann zum Kennen lernen mind. 30J alt. Du musst keine Schönheit sein, aber lustig, offen, respektvoll lieb, aufmerksam, gut bestückt und echter Mann sein.

Antworten:

1 Guten Morgen!
Wie geht es dir? Ich bin gerade auf den Weg zur Arbeit, als ich dein Profil gesehen habe. Ich würde gerne mehr über dich erfahren. . .
Ich heiße Rxxxx, bin 31 Jahre alt, liiert und arbeite als Manager in einer Bank in Frankfurt. Bin in einer Beziehung aber der Sex ist so lala
liebe Afrika und find Schwarze Frauen sehr erotisch.
Was studierst Du? Aus welchem Land kommst Du?
Wie heißt Du? Ich
Das sind nur die ersten paar Fragen. . . Ich hab noch mehr, was ich gerne über dich und an dir entdecken will.
L. Gruß, Rxxxx.

2 Suchst du Papiere oder suchst echt Sex? Ich frage, weil du nur weißen Ihn suchst. Ihr habt uns genug verarscht. Meine Letzte Frau aus Nigeria blieb nicht mal 3 Monate bei mir aber von schwarzen Frauen kann ich nicht mehr wegkommen. Deswegen schreibe ich dir. Wenn du schon Visum für Deutschland hast, dann möchte ich dich kennen lernen. Ich bin xxxx, 52. Nicht sehr potent aber dafür sehr lieb und aufmerksam. Lg xxxx

3 Hey. . . . Die erste Wohltätigkeit fängt bei sich selbst an Schwester. Hast du lust auch eine deiner gleichen auszuprobieren? Unter uns. Gruß

4 na du bist ja eine freche Lady

5 Ein liebevolles hallo liebe unbekannte Frau!
Bin sehr Einsam und möchte, dich wenn möglich sehr bald heiraten.
Zu mir ich der liebe und warmherzige Hans am XX. XX. 19XX in XXXXXX geboren.
Das Maßband zeigt 176 cm an auf die Waage bringe ich ca. 87, 5 kg
Die Figur ist normal, habe dunkelblonde kurze Haare, blaugraue Augen und ich trage eine Brille. . ich bin verheiratet und habe auch Kinder
Arbeite als Maler im Moment nicht, weil ich Krankgeschrieben bin. Ich wohne in einer 3 Zimmermietwohnung mit Garten in München
Das wird dich bestimmt freuen, was ich jetzt schreibe.
Ich rauche nicht und ich Trinke nicht (nur wenn ich zum Essen oder Biergarten gehe, Trinke ich Bier).
Mein neuer Schatz ich möchte von dir alles wissen.
Bitte lege mir auch ein Bild bei, wenn du mir schreibst.
Nun meine Eigenschaften:
Bin sehr lieb, nett, treu, ehrlich, zu verlässlich, häuslich, liebevoll, warmherzig, charaktervoll, feinfühlig, einfühlsam, herzlich, bin auch sehr romantisch, bin sehr Kinder lieb, und noch vieles mehr,

das musst du selber ausfindig machen.
Ich liebe das Küssen das Kuscheln und auch den Sex liebe ich.
Das wäre eigentlich das wichtigste von mir gewesen.
Du kannst mich auch gerne Anrufen:
08x / xxxxxxxx oder 017x / xxxxxxxx
würde mich sehr freuen, bald von dir zuhören.
Einen ganz heißen Kuss dein XXX

6 Ricky hier. ich bin sicher würde dir gefallen. Gut bestückt na ja. Bin sehr demütigt mit meinem 19 x 5. Spaß beiseite, ich bin top. Wenn du finanziell selbständig bist melde dich. Es gibt nu rein Problem. Ich habe eine Freundin. Das sollte kein Problem sein, den sie weißt, dass ich oft beruflich unterwegs biin. Melde dich, wenn du willst.

7 Von wegen gut bestückt. Wie eng bist du selbst? Wenn du noch ganz frisch eng bist meldest du dich bei dem kleinem Mann. 12 cm nur. Aber der kann was, verspreche ich dir. Bin Hasan ich bin verheiratet und Diskretion muss sein. Freue mich auf dich

8 Hallo, wohne in Frankfurt-Höchst ruf mich jetzt an 069/xxxxxxx . bin sehr nett-normal und hatte schon mal eine schwarze Frau als Freundin. . . mag es mit einer schwarzen Frau im Bett zu liegen- für schönen Sex. . . sich gegenseitig streicheln, massieren und verwöhnen. . . Das ist irgendwie anders als mit weißen Frauen und

dieser Po und der festere Körper! Das ist der pure Wahnsinn. bin sehr zärtlich und einfühlsam aber leider nicht so ausdauernd. wer bist DU schicke bitte auch ein Foto! Möchte Dich um 12 Uhr zu mir einladen

9 Hallo Madame,
ich bin Arzt, Facharzt (46j, 88kg, 186cm), verheiratet aber traue mich!!!!Bin ziemlich gut gebaut. Ich bin stolz auf mich, wenn es darum geht. Ausdauer? Ich weiß, wie wichtig das ist für Schwarze Frauen. Habe schon Erfahrungen gehabt während einer Konferenz in Süd Afrika letztes Jahr. Es war sehr schön wunderbar, ein Erlebnis, Heutzutage mit Viagra kann man es solange tun, wie man will. Ich bin doch Arzt;-) und weiß, wovon ich rede. Darüber keine Sorge.
meld dich aber bitte Diskretion ist Pflicht und ich lecke dich bis du ohnmächtig vor geilheit wirst. . . . . . PS: Wir können uns auch nach Feierabend in meinem Büro treffen.

10 knackige. . . ich würde gerne mehr über dich, deine Wünsche, Leidenschaften und Fantasien erfahren. Ich selbst, blond, kurz geschorene Haare, athletisch gebaut, 180cm hoch und80 kg schwer. bin auf der Suche nach heißen, erotischen, lasziven und zügellosen Dates. . Ein Date mit einer schwarzen Frau wäre mein Traum. Lust ein wenig geleckt zu werden und zu ficken ? ich hoffe jetzt mal, dass diese Mail nicht im Nirwana des Internets oder deiner Mailbox verschwindet. . . mal

davon abgesehen, dass es schwierig sein dürfte, dass du das hier überhaupt liest, wenn es eine Möglichkeit gibt, dich treffen zu können, sag mir was ich tun muss. . . viele grüße unbekannte Frau

11 hallo, ich suche eine schwarze frau für eine erotische, sexuell bekanntschaft, da ich total auf schwarze frauen bei der lust stehe. ich bin 43, verheiratet, erfahren, gepflegt, diskret, rasiert, 20x5 gebaut und würde gerne die tabulose lust mit einer solchen frau gerne öfters erleben. wenn du lust hast mir zu zeigen wie der sex mit einer schwarzen frau ist, melde dich bei mir mit infos zu dir.

12 Wow, ich will dich. Ich kann dir schon sagen, dass ich sexuell für fast alles offen bin. Ausnahme ist alles was mit großen Schmerzen zu tun hat oder in die Toilette gehört. Auf orale Spielereien stehe ich absolut. Der Gedanke ganz unkomplizierten Sex zu haben, turnt mich sehr an. Jemanden Treffen den man nicht kennt und danach geht jeder sein eigenen Weg. Ich bin gepflegt und rasiert. Da ich ebenfalls gebunden bin, muss man mal schauen wann man es zeitlich hinbekommt und wo man ein Treffen arrangiert. Aber wo ein Wille ist, gibt es auch einen Weg. Allerdings würde auch ich gerne erfahren auf was du stehst und was gar nicht geht bzw. wie du dir das Treffen vorstellst. Bin auf deine Antwort gespannt.

13 Hallo, wenn du einen Mann mit Herz Suchst und ein wenig Deutsch sprichst, dann solltest du mir zurückschreiben. Wenn wir ein wenig miteinander geschrieben haben, du mehr von mir weißt, ich mehr von dir. . . Vielleicht magst mich ja.
Ich habe Herz und Verstand und suche das passende gegenstück. Wohne Bald in Berlin und starte einen Neuanfang. 40 Jahre bin ich, 180 groß und rund 70 Kilo

14 Hallo Grüß Dich, ich bin xxxxx aus Frankfurt und neu in der Gegend. Ich hab Dich online gesehen und dachte mir ich mail Dich mal an. Ich suche jemand offenes und nettes, der wie ich zusammen Spaß haben will und neues erleben möchten. Ich bin 41, mach gern Sport und tauch auch gerne mal ein bissel ins prickelndere heiße leben ab . Ich lebe gerne meine Grenzen aus und bin offen für neues. . . solange es allen Spaß macht natürlich. Ich suche wie Du jemanden nicht nur für sexuellen Spaß, sondern jemanden mit Humor, jemand offenen mit dem man sich gut austauschen kann. Ich hab Physik studiert und arbeite als IT Berater in FFM Ich hätte lust Dich mal kennen zu lernen, vielleicht passts ja und wir können ab und an mal was anstellen. Wenn Du lust hast, dann meldet Dich doch mal. Du kannst mich unter xxxxx@yahoo. de erreichen. LG xxxxx

15 hallo schöne, ich liebe afrikanische frauen. ihr aussehen, ihre offene art. nun suchst du offensichtlich jemand "festes". ich nicht - bin verheiratet ohne ambitionen, dies zu ändern. dabei bin ich nicht zu "bequem" um einen unerträglichen zustand zu verändern. nein, der zustand ist gar nicht unerträglich. im gegenteil. trotzdem suche ich daneben eine erotische (dauer-)freundschaft. vielleicht kannst du dir das ja auch vorstellen, bis du den richtigen gefunden hast?! melde dich doch mal. und wenn das nicht für dich in frage kommt, wäre eine kurze absage nett. aber ich hoffe du triffst dich mal mit mir. textil/gesichtsfoto schicke ich bei antwort. liebe grüsse christian

16 hi, bist du verrückt genug dich spontan von einem sportl. schlanken, ansehnl. romantischen unternehmer aus hannover übers wochenende(viell. schon morgen) irgendwohin z. b. venedig einladen zu lassen. oder eine andere stadt deiner wahl. . . . ich liebe z. b. prag. . . . und mit dir wäre es sicher schöner. . . . :-) fotoausch per mai. .

17 Hi, schade das ich Raucher bin ansonsten würde ich dich gerne mal kennenlernen, da alle anderen stimmen besonders mein Männlein ist ein harter und fleißiger Arbeiter . lg xxxx

18 Stimulation des Geistes zu tun haben. . . ich liebe intensive, ausschweifende Zerstreuung für Geist und

Körper, Offenheit, Eleganz bis Extravaganz. Ich schmelze dahin für eine Vereinigung von erotischem Machtgefälle, lasziver Weiblichkeit, luzidem Geist und schamloser Lust. . . . bin offen für viel Neues, offen für ausgefallene Praktiken und unkomplizierten Spaß. . . Skorpion durch und durch mit entsprechenden Neigungen zu intensiven sexuellen, lasziven Phantasien, Leidenschaften und Temperament ;-) . . . stehe auf Oralsex und bin experimentierfreudig, manchesmal gierig nach leidenschaftlichen Sex aber auch tiefgehender Verschmelzung, gepaart mit einer besonderen, sinnlichen und verführerischen Note. . . . . . bin ein Geniesser in Bezug auf Erotik, Spass zu zweit oder dritt oder viert oder vielen . . . Voraussetzung, gefestigtes Selbstbewusstsein, Offenheit, Eleganz, Eloquenz, Drang und gesunde Neugier nach Erkunden, Ertasten, Erfühlen, Erforschen, Erriechen fremder Haut...

19 Ich, verheiratet, 43, 186, 79 stehe weniger auf Frauen die ihre Sätze mit "Joa", "tjoa", "jo", "né", "wa" und anderen Abkürzungen beginnen. ====== . . . a guy, with deep and multiple passions who likes practising, enjoying and experiencing good sex. . . open minded to everything related to sexual practices and experiments. . . typical scorpio in terms of passion, temper, curiosity, energy, ambitious, sex. . . sometimes shrewd sometimes screwed up. . . . . . likes to dance salsa, playing squash, sports and to maintain some fitness

level. . . . . . loves sex and interested in a short-term or longer occasional encounters. Oral, anal and enjoying experiments do spice up sexual encounters. Always trying to please the partner and to achieve full fusion between two minds and bodies. . . I like beautiful women (not only the apperance is deciding - the overall character is important as sex starts by stimulating mind, performing sex on different levels and in different sanctum ends in stupid fucking) I like hanging out, enjoying long talks, discussions and travels which I do quite a lot hence being quite flexible in terms of locations for encounters ;-) Lust?

20 Hallo, Dein Inserat gefällt mir.
Wie alt sollte Dein Mann sein? wir können alles machen. bin da echt offen. sag mir was dir gefällt. auf jeden fall will ich dich oft lecken auch bis zum orgasmus. mag es auch wenn du mich mit dem mund verwöhnst. Meine frau macht es leider nicht so gut.
Viele Grüsse

21 Ich kam gerade über dein Profil und von was sie sagt, du bist nicht zu weit weg. Ich bin zur Zeit hier in Frankfurt und wird für die nächsten paar Wochen auf Geschäftsreise zu sein. Ich bin eine alleinerziehende 51 Jahre alten Mann, der sehr aufgeschlossen und bin bereit, neue Dinge auszuprobieren oder Ideen ist. Ich bin sehr locker lieben die Natur und bin immer der Herr, wenn es um die Art, wie ich behandeln Menschen

kommt. Ich spreche kein Deutsch und bin mit Google übersetzen, um diese Nachricht an Sie zu schreiben, damit ich, dass Sie in der Lage, um es ohne Probleme zu verstehen hoffen. Ich hoffe auf eine Rückmeldung von Ihnen, als ich ziemlich frei das ganze Wochenende lang bin so konnten wir uns unterhalten oder gar zu treffen, wenn man wollte. Txxxx

22 Hallo,
suchst Du noch, oder hast du schon alles gefunden was Du gesucht hast.
Deine Anzeige ist zwar schon etwas älter, aber vielleicht habe ich ja Glück.
Ich suche keine Beziehung, die habe ich, aber im sexuellen Bereich hätte ich gerne etwas Abwechslung.
Eine dauerhafte Affäre, mit der man sich vielleicht zweiwöchig trifft.

23 Sehr geehrte Frau, Sei doch so nett und schicke mir ein paar Bilder von dir. Bitte mit Po. Stehe auf ass, rund und füllig. , wenn alles passt können wir uns gerne treffen. Bin sehr großzügig. Taschengeld kann raus springen. Dann beeile dich ;) Bin gespannt, was mich erwartet

Träume von Sex im Wald, im Park, an ungewöhnlichen Orten. Welcher Mann traut sich?

Träume von Sex im Wald, im Park, an ungewöhnlichen Orten. Welcher Mann traut sich? Wenn du mutig bist, ein bisschen verrückt, offen für das neue, dann melde dich bei mir. Diskretion muss 120% gegeben sein. Das ist für mich sehr wichtig, wegen meiner sozialen Stellung und Arbeit. Ich bin 28J, 169, 60 kg, weiblich, da wo es sein muss.

Antworten:

1 heyy na lust in darmstadt bissi rumzu ficken bin 18, 173, 72 kg, 20cm x 5, 4 cm, mindestens 25 Minuten volle Leistung, zu viel versprochen? ☺

2 hallo,
hört sich interessant an. wie sind deine finanziellen Vorstellungen und wann kann man dich treffen.
Diskretion sehr wichtig, weil ich verheiratet bin.
lg

3 Hallo,
auch wenn es im Moment etwas kalt für Sex im Wald ist, hätte ich daran Interesse. . Sex macht doch warm
Diskretion ist für mich auch sehr wichtig. Ich bin verheiratet
Melde Dich doch einfach mal, ob du noch suchst!

4 Lust auf schnellen Dreier mit zwei Männern, Toilette Hauptbahnhof xxxx. Wir zahlen bis 500€ ohne Gummi noch 3 uni drauf, ? es ist geil. Wir 46/170/72kg und 23/190/85

5 Hallo junge Frau,
ich trau mich! Und da ich nur geschäftlich in xxxxx und eine öffentliche Persönlichkeit bin, kannst du dir meiner Diskretion sicher sein.
Ich bin 178, 88 kg schwer, muskulös und für fast alles

offen.
Was hällst du von einem Hotelerlebnis? Oder einem Trip ins Grüne?
Ich bin ab der 2. August Woche in xxxx
Meld dich, wenn du magst mit einer Telefonnummer und aus Sicherheitsgründen nur ich kann dich anrufen.

6 Mutig und ein bischen verrückt, das trifft es auf den Punkt! Aber erst mal einen freunlichen guten Morgen nach Frankfurt
Das Wetter läd ja absolut zu Aktivitäten der Art ein, bei denen ich sofort dabei wäre. In xxxxx und Umgebung kenne ich mich gut aus, die Diskretion sichere ich Dir schon aus eigenem Interesse zu und dazu bin ich verh. Dir begegnet hier ein netter Mann Ende dreissig, 186, 90, , in festen Händen, NR und durchaus männlich da wo es sein muss:-)
Liebe Grüsse von xxxxx, noch unbekannterweise

7 Hallo, mit Begeisterung habe ich Deine Anzeige gelesen. Ich liebe outdoortreffen, evntl. mal an einem See oder auch auf einem Hochsitz.
Was stellst Du dir finanziell vor und wann hättest Du Zeit?
Ich bin 59 Jahr, gepflegt, niveauvoll und nett! Komme aus Heppenheim.
Eine Phantasie ist auch mal an einem frühen Morgen, ca. 5 Uhr sich zu treffen und den Tag auf einer Waldlichtung oder am Waldrand aufregend zu

beginnen.
Auf einem Parkdeck ganz oben um diese Zeit fände ich auch spannend.
Lg Thomas

8 Hallo Unbekannte,
zusammen durch den Wald spazieren, sich anschmachten, berühren und dann auf einen Hochsitz klettern und dort sich den Lüsten hingeben ? Im Jugendstilbad eine Privatkabine mieten, und sich nach oder während dem schwimmen/saunieren dort für heiße Spielchen treffen ?
Oder auch andere Sachen gemeinsam anstellen, die uns beiden Spass machen? Ja, auch mir ist es wichtig dabei diskret zu bleiben und auch sich gegenseitig zu respektieren.
So, nun zu mir, ich bin Ralf, komme aus DI. und bin 47 Jahre alt. Durch meinen Job habe ich auch manchmal tagsüber Zeit, die ich gerne mir jemanden auf erotisch, freundschaftlicher Basis verbringen möchte.
Wie wär´s ? Meinst du unsere Ideen passen zusammen ? Wenn ja, dann melde dich doch einfach mal bei mir.
Liebe Grüsse xxxxx

9 bin 23 Jahre alt, beschnitten (18, 5cm), stolzer deutscher, Soldat, single und kenne mich sexmässiig im Wald aus 177 groß

10 Hallo, was ist los denn? ich habe dir gestern gemailt, hast Du meine Nachricht erhalten? Sicher ja. . Warum antwortest du nicht? Das ist nicht nett und auch nicht fair. Man nimmt sich schon so viele Zeit, um eine lange Antwort zu schreiben und nun das. Ich warte auf deine Antwort

11 Hallo Diskretion benötige ich auch unbedingt (ich bin Chefarzt und verheiratet) und biete sie natürlich! Bin 40+ und hätte richtig lust auf ein geiles Treffen im Wald um ein wenig versaut zu sein! Interesse dann freue ich mich auf deine Nachricht!

Lesbische Frau sucht Männererfahrung nur mit Schwulen

Lesbische Frau möchte mit einem Schwulen Mann die Welt der Männer erforschen. Bitte nur Homo-Männer. Ich bin 23/172/70 85C. ich sehe auch nicht typisch lesbisch aus. Bin weiblich. Vielleicht bist du auch neugierig mit einer lesbischen Frau und willst auch etwas über Frauen erfahren? melde dich mit deinen Wünschen.

Antworten:

1 So eine lesbische Frau suche ich schon ewig. Ich erzähle dir zuerst meine Geschichte, damit du mich besser verstehst und mir eine Chance gibst. Ich habe meine Sexualität mit einem Mann angefangen. Ich war 16 und er war fast Mitte 30. Es fing an wie ein spiele. Wir kannten uns schon seit dem ich Kind war und er war der Freund von meiner Mama damals glaube ich. genau weiß ich nicht. Eines Tages kam er im Bad als ich duschte und meinte ich musste meinen Rücken richtig waschen aber ich konnte nichtdran kommen, deswegen half er mir und ich bekam eine Erektion. Es passierte einfach so. ich wollte stoppen aber ich konnte nicht. Damals hat er nur mit der Hand meinen Penis kurz massiert und ist raus. Wir sprachen darüber lange nicht mehr. Aber ich hatte nun Lust auf mehr bekommen und wünschte mir jedes Mals, dass er weiter macht. Und irgendwann mal ist er passiert und er hat mich geblasen im Bad, während meiner Mutter Einkaufen gegangen war. Lange Zeit passierte nichts. Das war mein erster Orgasmus überhaupt. Es war komisch aber total schön Ich war nun aber ständig geil und musste lernen zu onanieren und masturbieren immer öfter und mehrmals am Tag. Er wollte mich nicht mehr anfassen. Ich weiß bis heute nicht warum. . Später lernte ich einen anderen Mann kennen, der war Mitte 40 und kam oft das Fußballspiel gucken. Der war meine erste Liebe. Bein einem spiel vom FC Barcelona

lud er mich an mit bei ihm zu schauen. Ich machte mir überhaupt keine Gedanken, weil er verheiratet und sehr bekannt war. Alle kannten ihm und seine Töchter. Bei ihm ist es passiert. Er meinte er hätte es auch nicht gewollt und es wäre sein erstes Mal mit einem Mann. Wir liebten uns fast jeden tag und mehrmals am Tag und niemand ahnte, was passierte. Ich war erst 17. Danach bin ich bei Männern geblieben ohne genau zu definieren, ob ich schwule bin oder nicht. Mit Frauen hatte ich mir wenig Gedanken gemacht aber seit dem ich 23 Jahr bin interessieren sie mich immer mehr aber ich habe den Mut nicht. Ich will wissen, wie es mit Frauen ist. Niemand weißt, dass ich mit Männern schlafe. Ich bin 23J, 190, 84, sehr sportlich, aktiver Basketball-Spieler. Ich würde mich sehr freuen und Diskretion ist sehr wichtig. Liebe Grüße aus XXXX dein XXXX,

2 Hallo Du,

ich glaube, dass Du mit Homo- Männer kaum Erfahrungen sammeln kannst eher mit zärtlichen nicht-Schwulen, wie ich 27/187/85 19 x5
Grüß xxxx

3 hallo unbekannte,
hier schreibt dir ein neu zugezogener Berliner der wohl in dein "Raster" passt. was genau möchtest du denn kennen lernen und was bietest du denn dagegen an?

Aber ich warne dich. Wenn du lesbisch bleiben möchte, rate ich dir nicht mit mir anzufangen. Ich habe eine ähnliche Situation gehabt und seit dem kann ich nicht mehr mit Männern schlafen

4 sehr ungewöhnliches inserat, muss ich schon sagen, aber macht mich neugierig auf mehr . . .
ich bin schwul, Ende 40, in einer Beziehung, groß schlank, hatte einige Zeit intensive Kontakte zu einem Lesbenpaar, ist allerdings schon eine Weile her
es interessiert mich schon . . . sich diesbezüglich auszutauschen

5 Hi, du hast bestimmt jeder Menge Mails bekommen hast mich sehr sehr neugierig gemacht . -)) wenn du Lust hast mit einen Erfahrende schwulen sehr potenten Mann 37 Südländer dich fallen zu lassen und mit viel Einfühlsamkeit und Gefühl dann melde dich einfach :-)

6 Hallo,
eines vorweg. Bitte verschone mich mit Links auf andere Internetseiten wo ich mich registrieren soll oder mit kostenpflichtigen 0900 Hotlines die ich anrufen soll.
Mein Name ist xxxx. Ich bin 59/178/85, blond mit grünen Augen. Ich komme aus der Umgebung. Bin durch und durch Homo mit Hetero-Herkunft ;-)

7 hallo unbekannte, würde gern facesiiting mit dir probieren.

8 Hallo, SCHWUL BIN ICH NICHT!!!!!!!!!! Aber ich würde Dich gerne kennen lernen. Lasse dich von einem echten Mann entjungfern.
Ich bin Leidenschaftlich, zärtlich Temperamentvoll. . . .
. . . Ich würde mich freuen von Dir zu hören.
Also??????

9 hallo ich bin xxxx 56 stehe eigendlich auf Männer. habe zur Zeit keinen Partner, allerdings mache ich mir seit längeren auf Grund meines Alters gedanken, ob ich nicht doch was verpasst habe. Würde gerne diese Erfahrung mit einer Frau machen, allerdings bitte sanft und langsam. Las uns doch erstmal Mailen oder mal einen Kennenlernkaffee trinken. Wüsste auch gerne ein bischen mehr über lesbische Frauen. Wenn ich Dir nicht zu alt bin, würde mich Deine Antwort freuen. Habe ein bisschen Potenzschwäche aber mit Viagra geht es leider danach geht mir tagelang sehr schlecht. Liebe Grüsse xx

10 ja nie oder irre ich mich da?? ;=)damit du weiß mit wen du es hier vor dir hast habe ich dir mal eine kleine Beschreibung von mir gemacht; ich bin 20, wiege 85 kg, bin 188 cm groß, sauber, gepflegt, bin schlank gebaut, berufstätig, mein Schwanz ist 22*6Ein zwei

Bilder kann ich dir schicken und ich hoffe du weiß was ein Blutpenis ist; denn ich habe einen ??An Ideen ist es ehr leicht gesagt, da ich noch Jung bin und noch leider noch nicht so viel ausprobieren könnte wegen meiner Arbeit und damals Ausbildung. Mag ich halt gerne vieles Malausprobieren. Natürlich werden wir das finden was uns gemeinsam gefällt und was du besonders gerne beim Sex machst.

11 Hallo Unbekannte, das habe ich doch immer gesagt. eine Frau braucht richtigen Mann. Warum nur Schwule? Du willst doch einen Mann. Was kann der schwule dir zeigen? Ich bin der, den du suchst. !89, 79, , gut gebaut und habe Lust auf Sex, auch wenn meine Frau anders denkt.

12 hallo bin Anfang 30-189-80 und würde dich sehr gerne kennenlernen. bin schwul aber ungeoutet. würde mich freuen wenn du dich mal melden würdest damit wir mehr voneinander erfahren. hier hast du mal meine telnr. xxxxx. hoffe bis bald. lg xxxx

13 hallo schöne unbekannte, ich wäre sehr an deiner Anzeige interessiert . . ;-)
kurz etwas zu mir: bin normalerweise gay und lebe auch in einer festen Beziehung bin 39, 192 gross, sportliche Figur, kurze dunkelblonde Haare, bin charmant, niveauvoll, gepflegt und auch recht

gutaussehend würde mich freuen, dich näher kennen zu lernen bis dahin, lieber gruss, xxxx

14 sowas bekloptes habe ich selten gelesen. Du bist einfach Hetero. Akzeptiere es so und such dir einen echten Kerl. Man, man, man

15 hallo ich bin hobbySchwule. je nach laune. 39. vielleicht geht das ja auch .

Sie jung, sportlich, rothaarig, sucht humorvollen ihn

bist du 28-55, und möchte eine unkomplizierte aber selbstbewusste Frau kennen lernen? dann melde dich bei mir mit vielen Informationen über dich. Ich bin 29 J alt, normale bis sportliche Figur, 172 groß. Bitte keine Männer, die verheiratet sind.

Antworten:

1 Ich, Akademiker, dunkelh. , gepflegt, 32, 1,85m, gutaussehend) suche für ein diskretes erotisches Date eine sympathische, junge Frau. Du kannst gerne wie ich in einer Beziehung leben, wir werden sehr diskret und vorsichtig vorgehen. Erotische Massagen und französische Liebe, oder aber auch mehr, ganz wie es uns gefällt. Ich bin sehr gepflegt und erwarte dies auch von Dir. Bin Nicht raucher nicht Alkohol- Trinker und ich suche Spass und ohne das Verpflichtung.
Wenn du auch Entspannung brauchst und suchst, romantische Stunden verbringen möchtest, dann lade ichdich herzlich zu mir ein. Nun freue ich mich auf Deine Post, die ich umgehend beantworten werde . . . lg

2 hallo
ich bin 39 j. verh. wohne in Reichelsheim. Was willst du wissen? Was soll man wissen, um zu ficken?
gruß s.

3 Hallo!
Nach einem leichten Zögern (da die Anzeige von Dir nicht so ganz klar ist) doch eine Antwort von mir: Bin 46 Jahre alt, verheiratet und habe eine handvoll Kinder. Bin- so denke ich- nett und umgänglich. Humor ist etwas ganz individuelles, ich liebe es, wenn man sich selbst nicht so ernst nimmt und vor allem über sich selbst lachen kann.

Da du von flexibler Bekanntschaft (?) schreibst- villeicht bin ich zu naiv, um dies zweifelsfrei richtig zu verstehen- möchte ich betonen, dass ich schon Interesse an einem freundschaftlichen Umgang interessiert bin, allerdings- bitte um Entschuldigung, wenn ich ganz falsch liege- ohne finanziellen Interessen.
Nun, soviel fürs erste.
Wenn Du magst freue ich mich über eine Antwort von Dir. Gerne würde ich Dir ein Foto mitschicken, weiss aber nicht, wie !!! Hole dies aber sofort gerne nach, wenn Du mir Deine e-mail adrese mitteilst. Danke!
Liebe Grüße
xxxxx

4 hallo,
ich bin 22, 181cm pakistanisch. leben in Riedstadt. ; ic ahbe gut im Bett und
Ich bin aber für eine ernsthafte Beziehung suchen.
wenn Interessent so lass es mich wissen
Gruß

5 Hallo,
darf ich dein Liebhaber/ Begleiter in die erotische Welt sein?
Sauberkeit, Gepflegtheit und Diskretion sind selbstverständlich für mich.
Ich bin gefühlvoll und genieße es zu verwöhnen und verwöhnt oder auch mal sanft geführt zu werden.
Schlank bei 173 ca. 77kg, Intim gepflegt wie sich das

gehört, kein Bauch, kein Bart, Nichtraucher. , vergeben. Streicheln, Massieren, Küssen ist meine Leidenschaft und bin auch für neue Dinge offen.
Eine schnelle ? Nr. ? ist nicht mein Ding, eher die ausgiebige Verwöhnerotik,
die auch kraftvoll und wild sein kann, je nach Stimmungslage, aber alles ohne Schmerz. Neugierig ?

6 Hello junge Frau, natürlich rothaarig?Ich steh' drauf! Hast du eine Vorstellung wie schwer es ist den "Richtigen" zu finden? Auch für dich also versaue dir nicht dein Leben wie fast alle. Nun, ich bin Ende 40, 1, 80 m, schlank, gutaussehend, habe große Kinder, bin in Berlin Wedding, absolut gesund und ich möchte / nehme nur eine junge Frau mit der man noch was wahres anfangen kann und die auch Kinder liebt und sie sollte wissen was wirklich wichtig ist im Leben. Nahezu alle neuen Beziehungen mit Frau über 30 sind nur noch Notlösungen und das möchte ich nicht. Für mich bist du vielleicht noch etwas besonderes. Bin erfahren und auch sehr einf?hlsam, potent, ausgesprochen z?rtlich mit ECHTER Leidenschaft, dem das Wohl meiner Frau stets wichtiger ist als mein eigenes. Dies nur, um evtl. Vorurteilen entgegen zu wirken. Rufe abends doch die: 03xxxxxxxxx oder 01xxxxxxx in Berlin an und wir k?nnen uns kennenlernen. Es ist m?glich, dass du noch wirkliche tiefe Liebe erf?hrst, die mit einem deines Alters ohnehin nie m?glich sein wird. Jeder kennt Liebe da

Partner gehabt und Sex aber nur die allerwenigsten sehen sie wirklich je in einem ganzen Leben. Du bereust es nicht wenn du mich einmal kennst!
Liebe Grüße xxxxx

7 Ich war wirklich positiv überrascht über deine anzeige. Ich weiß echt nicht warum. Es klingt Blöd ich weiß. Freu mich auf unseren gemeinsamen F…. Wir werden es ganz langsam angehen lassen.
Ich mache alles, was du gerne hättest, egal was…. wir geniessen einfach diesen Tag (Abend)
Sämtliche Körperzellen die du hast, werde ich bei dir zum Leben erwecken.
Erst könnten wir mal gemeinsam duschen, dann werde ich, da ich gerne massiere, deinen Hals, deine Ohren sanft berühren, dann komm ich zu deinen Brüsten, deine Brustwarzen werde ich zu beben bringen. Ich berühre ganz sanft deine Brustwarzen und beginne sie zu lecken, zu saugen und dass alles ganz zärtlich. Dann geht meine Hand etwas tiefer und berührt deine Klitoris, die ich dann ganz zart massiere…. aber nicht lange mit den Fingern…dann lecke ich deine Klitoris, was ich sehr gerne mache. Ich brühre, ich lecke, ich sauge ganz sanft…. Ich werde dann mein Glied in dich einfahren und wieder heraus nehmen und weiter lecken. . und wieder einfahren und ausfahren und wieder sanft lecken…. . Das ein und ausfahren hört sich zwar blöd an, aber mir ist grad nichts anderes eingefallen…. Man muss alles auf sich zu kommen lassen und geniessen….

und wenn auch nur ein einziges mal. . Auf jeden Fall wird dein Körper beben und mehr verlangen……und so soll es sein. ich freue mich auf unseren xxxx

8 Hallo schöne Lady,
ich hätte lust mit Dir in Kontakt zu kommen. Ich bin niveauvoll und habe ein sympathisches und gepflegtes Erscheinungsbild, desgleichen liegt mein IQ über 100 und ich suche eine Herausforderung. Ich bin ein interessanter Mann mit Humor, Intellekt und Esprit. Bin zeitlich flexibel und Mobil, komme aus Rhein - Main. Desgleichen bin ich kein Südländer und habe ich gepflegte Umgangsformen, wie es sich gehört. Ich bin allerdings vergeben, das bedeutet Diskretion.

9 Hallo, mir ist gerade Deine Anzeige aufgefallen. Du suchst viel Spaß? Dann sollten wir uns unbedingt kennenlernen. Denn ich bin ein 37jähriger, 187cm großer und sportlicher Mann, der Interesse daran hat, mit Dir viel Spaß zu haben. Und wenn Du verwöhnt werden möchtest, dann schreib mir doch einfach. Du bereust es garantiert nicht, den ich bin gut. Frag meine Freundin. Sie wird alles bestätigen. LG xxxx

Schöne elegante blonde Frau mit Faible zu Schwarzen sucht Black-Männer

Ich suche schwarze Männer, Afroamerikaner, Afrikaner usw. für das schönste Ding im Leben. Ich bin 21, 172, 76 KG, mit Afrohintern und kann sehr gut meine Hüfte bewegen. Wenn du gut gebaut bist, schreib mir

Antworten:

1 Ich bin gut gebaut und kann es sehr lange. Ich komme aus Burkina und ich bin allein. Ich studiere Elektrotechnik 28J alt, nicht sehr groß nur 172 aber dafür sehr beweglich und es reicht für Bett glaube ich. Wenn du das harte willst dann meldest du dich

2 Hallo,
Ich bin 31j alt aus Indien. Schwarz haut. Geht auch es? Ich habe mit grosse lust und ich dick wie andere schwarz. Wenn hast du zeit.

3 Hey, wie ghet's?
Ich bin dunkelhäutig, komme aus der gegend und habe Interesse. Ich kann dir alles anbieten im Bett und gut gebaut bin ich auch 21 x 6und ich habe kein gr-Fett an mir. Ich möchte nur Erotik und Sex und habe kein Bock auf Beziehung. Ich habe nämlich schon eine und der Sex ist auch sehr gut. Aber ein Afromann braucht mehr als eine Frau. Du weiß es doch - Bitte melde Dich mit mehr Infos :)

4 Wann, wo, wie? Warum nur Black? Weiße Frauen wollen Schwarzen, schwarze Frauen wollen Schwarzen und wer will mich? Bin gut gebräunt und kann auch ganz gut und bin nicht schlecht gebaut. Vielleicht ? wer weiß. 31. 198. 87, voll sportlich und sehr ausdauernd

Schöne Rubenfrau sucht Männer und Fraunen für Sex

Ich, w, 25, 169, 90 Kg mit Kind suche lustigen Männer oder Frauen für Sex . Nur ausführliche Antworte werden auch beantworten. Freue mich schon auf Deine Nachricht

Antworten:

1 Hi ich bin der Jxxxx,
meine Vorlieben sind: Ich lecke die Frau gerne an der Muschi
Ich spiele gerne mit ihren Brüsten und lecke gerne ihre Brustwarzen. Außerdem mag ich es wenn eine Frau mir einen Bläst und anschließend auf mir Reitet oder ich eine Frau von Hinten rannehme.
Es wäre schön wenn wir uns mal treffen könnten.
Wenn du magst kannst Du mir eine sms schreiben. Und ich rufe dich dann zurück denn ich habe eine flat.
meine nummer: 015xxxxxxxxx

2 Hallo bin 40 jahre und komme aus Spanien ;-))) sorry aber was ist Rubenfrau? LG Rxxxx

3 hallo liebe unbekannte,
dein Profil hat mich angesprochen und ich würde mich freuen von dir zuhören.
Ich denke mir mal das ich fast keine chance habe. . . bei dieser Anzeige, werden sich hunderte melden, die Sex suchen.
ich bin 30 Jahre schlank 180 groß und rasiert. . . das so nebenbei.
ich bin ein sehr fantasy voller Mann, mit Leidenschaft. . ohne aufdringlich zu sein. .
ich bin sehr Kinderlieb, und mag auch Tiere sehr gerne. eine beziehung bei sympathie würde ich daher auch

sehr schön´finden. .
freue mich wenn ich dein intetesse gewäckt haben sollte. . .
lieben gruss Pxxx

4 Hallo ich bin ein sehr netter, reifer Mann, gepflegt, zärtlich und auch gerne mal wild und mag sehr gerne schönen sex. ich bin 53 jahre, 183 cm, 95 kg, intim kurze haare. werde dich geil lecken und fingern bis du richtig feucht bist und nur noch auf meinen schwanz wartest. wenn du magst mache ich es dir auch anal. alles was du geil findest können wir tun. Vielleicht hast du ja Lust mich kennenzulernen. LG XXXX

5 hallo, 90kg wow, möchte dich nackt sehen, möchte deine Spalte lecken bis du abspritzen wirst! spritzt du ab! möchte dich dann von hinten stossen, deine denke grossen Brüste dabei massieren, oder einen Finger in deinen Po stecken, bist du rasiert!, küsse deinen saftigen Kitzler. xxxx, Mainz, 45, schlank, mobil, und sehr geil, schönen Tag

6 Hallo, in Deiner Anzeige steht nicht viel über Dich, trotzdem möchte ich Dich gerne kennen lernen. Ich sage es aber vorab, dass ich keine Beziehung suche. Ich würde nur etwas unter der Woche "spielen" wollen. Wenn das etwas für Dich ist, dann schreib mir. Damit Du wenigstens einen Eindruck erhältst mit wem Du es zu tun hast, erzähle ich mal ein wenig über mich und

möglicherweise findest Du ja gefallen an meinen Worten. Ich wohne zwar in xxxxx, bin aber täglich in FFM. Mit 49Jahren bin ich nicht so steinalt, mit 177cm hoch nicht so riesig (man kann eben nicht immer gewinnen!), mit 87Kg nicht so schwer, dunkelhaarig (noch gottlob), studiert (heißt nicht viel) und ein lustiger, fröhlicher Mensch (was ganz wichtig ist). Vom Wesen her bin ich eine typische Waage, harmoniesüchtig und von sanftem Gemüt. Ich liebe die leisen Worte und die lauten Schreie meiner Gespielin, den hintergründigen Humor und bin eher der verspielte Mensch. Ich kann aber auch ernst sein, habe jedoch dem Leben eher die witzige Seite ab gewonnen, vielleicht auch abgerungen. Jetzt weiß ich nicht, ob das hier kreativ war, was ich hier geschrieben habe. Das musst Du jetzt selbst entscheiden. So jetzt bist Du dran, wenn Du willst. Ciao xxxx.

7 frag was du wissen willst, ich möchte gerne dein füsse und arsch ausgiebigh gerne mal auch lecken ganz diskret, dein saft aussaugen und dich optimal verwöhnen. . . . . du kannst mich anrufen

8 hallo meine dame,
ich bin ernsthaft intressiert, ich mag füsse lecke auch A. . . . . lecken, sollst du auch intresse haben melde dich via e mail xxxxxx@yahoo. de mit mehr infos und evntl. bild, gib termin vorschlag, dein xxxxxx

9 Ein freundliches Hallo nach ffm,
hier schreibt Dir ein 44 jahre junger Single mann. Bin 1, 90m groß gebildet und Tageslichtauglich. Du lässt fremdbesteigen? Finde ich eine gute Sache. . . Bin telrasiert und habe blank rasierte Eier, die ich auch gerne geteilt abbinde zum besseren saugen. . . . stehe auf verbalerotik, Nylonsex, 69er, doggy style oder einfach von hinten im stehen. . . . . Lust?
Inniger ZK vom Steve dem Naturgeilen lecker. . . .

10 Hallo du Schöne,
würde dich sehr gerne kennen lernen, bei gegenseitiger sympathie könnte es bei uns sehr prickelnd werden. Auf Wunsch auch zusammen mit meiner Partnerin. Sie mag Frauen aber steht nicht dazu, du würdest es nicht bereuen. Lieben ausgiebiges Vorspiel, verwöhnen von feinsten bsi hin zur himmlischen extase. Abheben und schweben im Genuß von riesigen Höhepunkten. nun was ich mag sind sehr viele geile Sachen. Ich liebe ausgiebiges Vorspiel, intensive Küsse. Ich lecke sehr gerne bis die Frau glaubt im 7. Himmel zu sein und die engelein singen zu hören (grins).
Ich bin sehr ausdauernd und gut gebaut, ich liebe an einer Frau, die weiß was sie will und die kein hungerhaken ist. ich mache alles sehr gerne, vorausgesetzt alle beiden mögen es. Die Chemie sollte jedoch beidseitig vorhanden sein.
Lust bekommen, dann meld dich einfach bei mir, würd mich freuen

11 Hei, was fuer eine tolle Anzeige!!!!!!!!!!! Du suchst Mann/Frau fur Sex. Klasse! Ich fuerchte nur, es ist eine Fakeanzeige. Falls doch nicht, sollten wir uns schnell kennenlernen. Bin 43, 175, sportlich, gesund, gepflegt, ausdauernd, hemmungslos, ... was magst noch wissen?
Liebe Gruesse,

12 Hallo, kann Dir gern mehr über meine Fantasien berichten. Hab mit Freude gesehen, dass Du Rubensfrau bist. Ich mag nämlich nicht ganz so dürre Gestelle. Ich mag wirklich gern lecken, wobei ich es dann schön finde, wenn meine Partnerin rasiert ist, denn so Haare stören beim Lecken ja doch irgendwie. Es ist auch schön, eigentlich jeden Winkel einer Frau mit der Zunge zu erforschen und dann die nasse Muschi so richtig schön auszuschlecken. Schön finde ich es auch, gleichzeitig das Poloch mit den Fingern odr auch mit der Zunge zu verwöhnen. Gefällt mir übrigens auch bei mir. Ich mag es auch, mir meine Partnerin anzuschauen, wenn sie sich mir breitbeinig geöffnet präsentiert und ich sie dann ansehe und später mit zärtlichen Fingern und mit der Zunge verwöhne.

13 Natürlich finde ich es auch schön zu ficken z. B. von hinten oder ich mag auch geritten werden. Ich selbst bin ja mit 1, 87 m nicht klein, ganz schlank bin ich aber auch nicht - halt so mit Normalfigur. Einen kleinen Bauch will ich nicht verschweigen, aber im Grunde

ganz sportlich. Mit der Ausdauer ist es halt immer unterschiedlich. Ich bin kein unendlich potenter Typ. Liegt sehr an meiner Partnerin. Mir kommt es mehr so auf das geile Zusammensein an, als stundenlang zu rammeln. Sehr schade finde ich das mit dem Küssen - ist da nichts zu machen bei Dir? Ich wüßte aber auch gern mehr von dir und Deinen Vorstellungen. Liebe Grüße xxxxx

14 Hallo,
Ich liebe es eine mollige Frau zu fühlen und zu verwöhnen ohne Gummi. Ich lecke sehr gerne und sehr lange. Ich kann lange fi. . . und spritze gerne mehrmals ab. Ansonsten können wir gerne viele Facetten ausleben. Ich kann gerne nach Deiner Pfeife tanzen oder Dir sagen, was Du zu tun hast. Anbei xxxxx.

15 freiberuflicher Berater (34), geschäftlich sehr erfolgreich, aber zu Hause sehr einsam, sucht auf diesem Wege eine aufregende Partnerin. du solltest sehr aufgeschlossen sein, gerne auch sehr freizügig (in meinem Haus), humorvoll, treu und ehrlich sein. vor allem schätze ich ein gemütliches zu hause. das sollte auch dir wichtig sein. erwarte ich zu viel? wenn du mir das geben kannst dann schreib mir doch mal etwas über dich. ich bitte auch um die Zusendung von Bildern, denn die Sympathie ist mir schon wichtig. Xxxx

16 ich mag den zärtlichen und geilen sex, ich mag besonders an Rubensfrauen die prallen brüste, bin 18x5 und beschnitten und kann deshalb länger als die meisten (denk ich mal). lecken tue ich auch sehr gerne, aber ob ich das gleich beim erste Date mach kann ich dir noch nicht sagen. Lust? Dann ruf mich an 06xxxxxxxx

17 Hallo Rubensfrau,
ich kann mir gut vorstellen, an deinen Titten zu lecken und zu saugen, deine Rosette zu lecken und mit der Zunge einzudringen.
Deinen Kitzler leicht zu reiben und zu lecken, dann feuchte ich mit meiner Zunge deine Schamlippen an und ficke dich mit der Zunge, den Rest kannst du bestimmen, was dir besonders gefällt. Ich bin, wie ein Schwarzer gut bestückt. Du wirst öfter kommen, da ich sehr ausdauernd bin. Gruß

Ich will Sex ohne Tabu

Weiblich, Ende 40, aber sehe wie Mitte 30 aus, Akademikerin sucht starken Mann mit Ausdauer für Sex. Wir treffen nur um zu fxxx und nur ein Mal und wir sehen uns nie mehr wieder. Wir kennen uns nicht. Nur Mit Gummi. Kein Küssen. Lecken gern. Nicht in deiner Wohnung, nicht bei mir, nur HOTEL. bin vergeben. Wer traut sich?

Antworten:

1 traue mich, möchte aber vorab ein Bild, ob du was tauchst. Ohne Gummi gegen Geld?

2 Was hast du gegen Küssen? Wie kann man Sex machen ohne zu küssen? Das ist wie eine Suppe ohne Brühe. Bestimmt hat dich ein Mann noch nicht richtig geküsst. Beim Küssen würde ich Olympiameister werde. Lass mich dir es zeigen. Wenn Interesse dann melde dich wieder.

3 Hallo,
hätte großes Interesse auf einen ONS mit dir.
Bin ein charmanter Mann, 48, 174, schlanke sportliche Figur 73kg, gepflegte Erscheinung, mit Humor und auch Geist.
Und beim Sex ein tabuloser ausgiebiger und ausdauernder Ficker mit gut gebauten rasierten 18x5 Schwanz.
Interesse ? Komme aus Heppenheim.

4 Ohne bezahlen ?

5 Von xxxx. Aber sonst hast Du keine andere Wünsche ???

6 hey was soll der spass kosten? ich bin der xxxx 39 Jahre alt. Geld wäre kein Problem, wenn meine Frau

mitmachen und dich ausgiebig lecken darf. Sie ist Ende 40 und sieht sehr gut aus. Melde dich doch .

7 Hi, sehr gerne würde ich mit Dir eine schöne aufregende Zeit verbringen, die voll intensiver Gefühle geprägt sein soll. Ich bin 32, 1, 70m und habe dunkelblonde Haare. Wenn auch du das gewisse Prickeln vermißt, dann meld dich doch mal. Dann können wir gerne intensiver plaudern und der Natur ihren Lauf lassen. . . Viele Grüße Sxxxxx

8 Ich trau mich aber ohne einen Kuss geht nichts :-)

9 hallo, ich traue mich. bin 48 attraktiv gepflegt u möchte deine Bedingungen voll erfüllen. Aber bin verheiratet. Diskretion

10 Hallo liebe Unbekannte, das ist schon eine spannende Anzeige. Sie gefällt mir, 52 Jahre, 1, 87 m groß vermutlich, weil ich ähnliches suche und in gleicher Situation bin. Schade fand ich den Hinweis auf keinen Wunsch nach Küssen, denn das finde ich eigentlich so die Sahne auf dem Kuchen. Aber da ich auch gern lecke - was soll's also. Wenn Du magst, meld Dich mal und wir lernen uns kennen. Bis bald? LG xxxx

11 Hallo Unbekannte, ich heisse xxxx, bin 36 Jahre alt und wohne in der Nähe von Wiesbaden. Ich mache gerade meinen Doktor in xxxxx und suche eine sympathische

Sie für ein spontanes Treffen. Von daher finde ich deine Anzeige passt genau auf mich. Kurze Beschreibung von mir: ich bin 1, 81 m groß, habe blaue Augen, dunkelblonde kurze Haare, kein Bart, keine Brille, muskulöse Beine, breite Schultern und wiege ca. 85kg. Falls Du Interesse an einem Treffen hast, würde ich mich über eine Antwort von Dir freuen

12 Hallo,
da bin ich. 49J. und auch vergeben.
Ich gehe mit deinen Vorstellungen absolut conform.
Ich lecke sehr sehr gerne und ausdauernd. Dazu kann ich dich gerne noch mit dem Dildo verwöhnen. , da ich sehr schnell schlapp werde
Falls du interessiert bist, anbei noch meine Tel. -Nr.
01xxxxxxxx
Ich könnte schon heute ab 18h. Geht es auch ohne Gummi?
Vielleicht bis bald.

13 Hallo Ich heise xxxxxxx bin 47j 171 Gross u 72gk und komme aus Grünstadt und würd dich gerne mal treffen aber nur für den sex zu zweit mehr nicht da ich eine Frau habe und liebe, auch, wenn der Sex mit ihr sehr monoton ist. wenn du Lust hast dann schreib mir eine sms nr. 016xxxxxxx bis dann Freue mich

14 Hallo,
ich männlich, 44, 177cm, 87kg würde Dir genau das bieten was Du suchst. Bin verheiratet mit Kindern. Ich komme nicht von der Gegend, kann aber um 18:00 in Köln am Bahnhof sein. Danach in ein Hotel und drei Stunden fxxx bis Du glühst. Danach kennen wir uns nicht. So wie Du es möchtest. Es passt mir sehr gut. Bin auch ohne Kondom zu haben. Lust mich zu haben auch gern ohne Gummi? Taschengeld dafür wäre auch angemessen. VG

15 Ich mag sehr gern lecken, ausgiebig Verkehr in verschiedenen Stellungen. Sehr gern spiele ich auch mit großen Brüsten und den Pobacken. Was magst Du denn so? Liebe Grüße xxxxx

16 im Grunde alles was uns beiden Spaß bereitet und wir beide wollen,
und im normalen Bereich, mir geht es auch ehrlich gesagt auch ums Drumherum, sprich, vorher und auch nachher, ich genieße sehr gerne und berühre, streichele und massiere sehr gerne und es wäre auch schön wenn du mich gerne berührst, streichelst und massieren möchtest, lecken und auch mal leicht saugen gerne, Körperkontakt zusammen duschen, baden, einseifen etc. . . . . . . und deinen Wunsch zu erfüllen zu versuchen langsames antasten wenn du möchtest, und den punkt suchen der dir gefällt, und versuchen den Punkt so nah wie möglich zu kommen und solange wie

möglich zu halten(zu versuchen) keine einfache Sache, aber probieren steht über den trotz, nicht verzagen und sich über das erreichte freuen, anstatt sich zu ärgern, soweit möglich genießen.

Suche Liebe mit Sex, Sex mit Liebe, Liebe und Sex, geht es?

Was ist eine Liebe ohne Sex und was ist Sex ohne Liebe? Lieb und Sex geht das überhaupt? Warum geht so schnell die Lust weg, obwohl man liebt? Ich suche lustigen Mann, nur einen Mann. Bin 23J alt, kräftig, 171. Fühlst du dich angesprochen? Willst du mir eine Antwort geben?

Antworten:

1 Hi würde dich gerne kennenlernen und vll treffen. habe auch schöne Fotos die ich dir schicken kann. Ich lieb junge Frauen, die noch so fest sind. magst du Pferde? wenn ja können wir zusammen auf meiner Range reiten gehen und auf dem Pferd das schönste Ding der Welt machen. Bist du dabei?

2 Ich suche eine liebe Partnerin, die meinen Lebensweg teilen möchte. Ehrlichkeit, Treue, Verlässlichkeit, Romantik, Empathie sind Eigenschaften, die mir wichtig sind. In meiner Freizeit lese ich gerne, besuche Theater oder Kino, interessiere mich für Politik, Geschichte, Kultur u.v.m. Freunde sage, ich sei ein warmherziger, unkomplizierter Mensch mit einem großen Herz. Ach ja, einen Job habe ich natürlich auch. Als Sachbearbeiter arbeite ich im sozialen Bereich in einer großen Behörde.
Ich würde mich sehr freuen, wenn wir uns kennenlernen könnten, dann wird man ja sehen, ob der Funke überspringt. Ich grüße dich ganz herzlich.
xxxxxx

3 Hallo, Ich heiße xxxxx, bin 37 Jahre alt und wohne in Pfungstadt und arbeite in Frankfurt bei einer Tochtergesellschaft der xxxxxxx. In meiner Freizeit treffe ich gerne Freunde, gehe gern ins Kino oder essen. Ich geniesse auch gerne die Natur bei einem

Spaziergang und fahre mit dem Rad durch die Landschaft. Alleine ist das manchmal ganz schön, aber noch schöner ist das mit einem Partner. Würde mich auch gerne wieder sportlich betätigen, bin erst vor ein paar Monaten von Wiesbaden wieder nach Pfungstadt gezogen und bin etwas eingerostet. Ich bin ein Mensch der gerne und viel lacht, ich bin treu, herzlich, offen, nicht blöd und vielseitig interessiert. Ich suche eine Partnerin, mit der ich durch dick und dünn gehen kann. Ich habe kein Interesse an oberflächlichen Getue, ich suche etwas das auch in die Tiefe geht. Jemanden mit dem man lachen und weinen kann, mit dem man sich über Gott und die Welt unterhalten kann und dem man sich voll und ganz öffnen kann. Vielleicht bist du ja diese Frau die ich suche. Würde mich über eine Antwort von dir freuen, dann könnte ich dir auch ein Bild von mir schicken.
Liebe Grüße sendet dirxxxxx

4 Anonymensexler- Expert sucht. Hi bin 21 such anonymen sex, sehr attraktiv und ausdauernd, buch einfach ein Hotel am Wochenende und ich komme aber du zahlst lg jxxxx

5 hallo hab deine anzeige gelesen wenn du nicht schon jemanden gefunden hast steh ich dir gerne zu Verfügung bin m 24 188 groß, kräftigin der Hose, wie ein Black, bin ich es auch zum ¼ Gott sei Dank, mit viel Ausdauer, lecke gern und mach auch fast alles mit

was dreckig und versaut ist also wenn du magst hotel übernehme ich bis 50 Euro nach einem Zimmer schaust du sag mir wo und wann und ich sag dir ob ich kann mfg xxxx

6 hier schreibt Dir ein 44 Jahre junger Single Mann. Bin 1, 90m groß gebildet und Tageslichtauglich gerne lass ich mich auch Spielball von Dir verwenden, also eher devot. Eine Nur umassage von Dir wäre ein Erlebnis, das ganze Gepaart mit Facesitting um Deine Gloden Shower aufzunehmen. Was mir noch gefällt: Deine Brüste streicheln deine Knospen mit meiner Zunge spielen sanft daran knabbern etc. . . zu saugen. . . innige Zungenküsse Körperküsse überall. . . . . mit beiden Händen bei Dir die Beine hochfahren, bis zu Deiner Liebesgrotte, die ich dann mit meinen eher durchschnittlichen 16cm von innen streicheln werde. Auch ein ausgiebiges Lecken Deiner Perle und Deiner Rossette in die auch gerne meinen Ständer geölt langsam einführe um Dein Poloch sanft durchzustossen, dabei deine Pobacken durchkneten. Mein Ständer reicht schon eine ganze Weile um dich in den versch. Stellungen zu Liebkosen. . . . ;-)
Bin sauber, immer geduscht und Teilrasiert. . . stehe auf Nylons bzw. Reizwäsche.
Also auf Schmerzen, bzw. KV stehe ich ganz und gar nicht! Aber ansonsten geht schön einiges. . . .
Kann diese Woche recht spontan reagieren, da bis Ende dieser Woche Urlaub habe!

7 Hallo Unbekannte,
deine Anzeige hat mich neugierig gemacht und würde dich gerne kennenlernen.
Ich bin 39 Jahre und für fast alles offen, melde dich einfach mal.

8 Hallo hallo
M hier Mitte 30 sportlich Nichtraucher
Und deutsch.
Stehst du auch auf Pornokino, auf pipi und so was?
Oder outdoor meetings?

9 hey,
ich bin xxxx, mittlerweile 40, verheiratet, selbstständiger erfolgreicher unternehmer, der trotz geilheit und mal wieder den "kick suchend" nicht auf niveau verzichten will und der trotzt Reichtum immer noch ein xxxx im Bett ist. Wenn alles stimmt lade ich dich nach Wien ein. Würde mich freuen von dir zu hören.

Blondinnen sind gut im Bett und alle anderen sind Niete? Dann teste mich, wenn du kannst

Ich suche Mann (Männer) auch gern in Beziehung für Sexfreundschaft. Ich bin selbst vergeben aber ein Dreier kann möglich sein und wie sieht es bei dir aus? Ich bin 33J und nicht dumm. Du musst kein Hengst sein aber auch kein Kaninchen. Die große spielt keine Rolle aber zu klein sollte es nicht sein. Eine Stunde nicht unbedingt aber nur zwei Minuten? Nein. Mutig? Teile mir bitte schon jetzt deine Fantasien mit, um mir die Auswahl zu erleichtern.

Antworten:

1 Hallo liebe Unbekannte, ich selbst bin verheiratet, und suche auf diesem Weg eine unkomplizierte Affäre Sex ohne Tabus egal wo nur Sympathie ist entscheidend. Diskretion ist 200 % denn auch ich kann es mir nicht leisten, du weisst schon was ich meine.

2 Hallo grüße dich. Ich glaube es zwar selber noch nach Jahren nicht, dass ich so gebaut bin. aber ich bin schon überdurchschnittlich gebaut. Sagt zumindest meine Frau. Mit der ich kaum noch Sex habe, obwohl sie eine blonde Frau ist. Ausdauer habe ich aber leider keine mehr, dazu hab ich einfach zu wenig Sex in letzter Zeit und musste seit Jahren nur masturbieren.
Aber lecken würde ich dich schon gerne. Ich hoffe ich kann es noch. Auch aa lässt sie mich nämlich nicht gerne ran. Du solltest deswegen mit mir geduldig sein. Weißt du? Was ich vielleicht auch mal sehr gerne ausprobieren würde wäre Analverkehr. Ich habe schon so etwas gemacht aber umgekehrt und es hat mir sehr gut gefallen. Vielleicht gefällt es dir auch? Natürlich nur wenn es was zwischen uns wird und du es auch willst.
Ach ja. Ich hoffe du hast auch ein paar schöne Titten mit denen ich spielen kann. Denn darauf stehe ich auch total.
jetzt aber auch erst mal schluß von mir. Wenn du willst kann ich dir morgen auch ein Foto von mir schicken.

Kannst mir ja auch was über deine Wünsche schreiben.
LG Bxxxx

3 hallo, grüsse dich, ja möchte dich nackt sehen, möchte deine Spalte lecken bis du abspritzen wirst! spritzt du ab! dich dann schön von hinten stossen, deine Brüste dabei massieren, hast du grosse Brüste! bist doch bestimmt schön glatt rasiert! ist super beim lecken, kann man dir auch in den Mund spritzen! schluckst du auch!
schönen Abend noch, küsse deinen saftigen Kitzler
Wxxxx aus Mxxxx

4 Hallo du,
witzige Anzeige, ich musste ganz schön schmunzeln ;-)
Zuallerst mal: das mit den Blondinen ist ein Gerücht und gar nichts dran.
Ich bin auch gebunden wie du, bin aber ein Mann mit Rückrat, der weiß was er will und bestimmt kein Kaninchen. Kaninchen sind die anderen ;-)
Ich habe viele Fantasien und Vorstellungen, aber was mich schon immer am meisten angemacht hat ist die Lust der Frau, also in dem Fall deine. Wenn ich höre, sehe und schmecke wie du dabei abfährst dann ist das mit Sicherheit das Beste. Und damit es dazu kommt ist es eben sehr individuell. Aber keine Sorge, ich habe weite Grenzen.
LG Jxxxx

5 hallo heiße frau,
suchst du noch einen sexy attraktiven geilen Mann mit dem du deinen Spaß haben kannst, oder bist schon fündig geworden?, wennst noch suchst, ich, 39 j, 188cm, 84 kg erfahren schlank rasiert sportlich attraktiv, braune Augen und haare hätte Interesse dich kennenzulernen, ich stehe auf heiße sexy Frauen, die ebenso wie ich gegenseitig ihren Spaß suchen und offen sind so wie ich, jeder soll auf seine Kosten kommen, das ist dabei das wichtigste!!!! nun, ich bin im Außendienst tätig und könnt mirs auch einrichten, wäre schön von dir zu lesen, bis dahin
hg c.

6 Meine schöne, ich mag Blondinnen nicht. Deine Anzeige hat mir sehr gut gefallen . möchte dich nackt ausziehen, du kniest dich hin, ich lecke deine beiden Löcher von hinten, deine Spalte so lange bis du abspritzen wirst! möchte dir dann meinen Schwanz von hinten ganz tief in dich hineinstecken, dich stossen, stossen, und dann meinen ganzen Saft ganz tief in dich hineinspritzen, dann meinen Schwanz aus deiner jetzt platschnassen Spalte ziehen, deine Spalte sauberlecken, meinen Schwanz jetzt in deinen Mund stecken, du lutscht jetzt meine Nille, bis er wieder steif ist und ich ficke dich nochmal, vor dem anspritzen, nehme ich meinen Schwanz aus deiner Spalte, und stecke meinen Schwanz schnell in deinen Mund und die restliche Sahne spritze ich in deinen Mund, und du schluckst den

Rest!!!
Ich würde auch mal gerne probieren, meinen Schwan z in dein Poloch zu stecken, hast du schon einen Schwanz im Poloch gehabt!!!!! vorher schön dein Poloch lecken und dehnen, dass es nicht so w eh tut!!!! oder hast du erfahrung im Aeschficken!!!! und tut nicht mehr weh bei dir, wenn der Schwanz tief im Arsch ist!!!!!
Jetzt bin ich wieder sehr geil geworden, habe einen schönen steifen Schwanz bekommen, und jetzt !!!!!!!!!!!!!!!!!! Bist du auch geil? Ich bin 51, 19 x 4, ist da doch doch in Ordnung? Melde dich
küsse deinen Kitzler

7 hallo, ich bin sehr interessiert und meine Frau möchte das wir zwei uns richtig geil vergnügen ich kenne keine Tabus. und bin sehr aufgeschlossen. und was hast du für wünsche. Und auf was stehst du so.

8 Hei,
Deine Anzeige ist die Beste.
Phantasien: ich mach eigentlich alles, nur nicht mit "Kaviar und Sekt" oder Schmerzen. Das muß nicht sein.
Sonst liebe ich geleckt, geblasen, zu werden, selbst zu lecken, Ficken in allen Stellungen, bin mal an der Prostata massiert worden und fand dies mehr als erregend. Ich könnte mir auch einen Dreier MMW gut vorstellen, besser ist sicher MWW. :-)

Im Kopfkino ist die Vorstellung einer Orgie/Gruppensex wahnsinnig reizvoll. Ich habe eine gute Bekannte, wir planen einen Clubbesuch. Sie ist auf eine sog. Gangbang Party heiß.
Wie bin ich gebaut? Ich würde sagen normaler Durchschnitt, jedenfalls nicht riesengroß, falls Du darauf Wert legst.
Die Ausdauer ist, ohne zu übertreiben, bemerkenswert gut. Wie gesagt, ich bin vielseitig interessiert und Neuem gegenüber nicht abgeneigt. Ich muss nicht stundenlang labbern, kennenlernen, Wein trinken, Essen gehen usw. Klar kann man machen. Ich brauche aber auch keinen großen Anlauf. Bin eigentlich immer geil und heiß auf Sex.
Wie sieht es mit Dir aus? Was magst Du, was nicht? Magst oder kannst Du mir was beibringen? Was liebst Du? Fessel- oder Rollenspiele, Dildo/Vib? Gruppensex?
Waere schön wenn wir uns mal kennenlernen und Sex haben könnten.
LG, Axxxxx

9 Hallo, Du möchtest also ordentlich geleckt und gef. . . werden, bläst Du ohne Gummi, ansonsten mit. Würde dich gerne treffen. Bin ende 50, big big, und sehr ausdauernd. . . Freue mich auf Antwort.

10 Hallo,
Deine Anzeige liest sich interessant und macht neugierig auf mehr.
Bin übrigens 46, groß, schlank, nett und auch nett anzusehen, gepflegt, unabhängig, gebildet, neugierig, diskret. . . und ja, eine Dreier ist genau das, was ich möchte ;-)
Falls Du nun auch neugierig bist, freue ich mich auf eine Antwort, und bei Sympathie gerne mehr. Lg xxxxx

11 Hallo Du,
würde gerne mal zusammen mit einem attraktiven Mann eine lustvolle Frau verwöhnen. Wir könnten dich von allen Seiten verwöhnen und dir abwechselnd dein Kätzchen vögeln. Wäre auch schön, wenn du uns abwechselnd bläst. Den zweiten Mann müsstest du aber besorgen. Kenne leider niemanden spontan. Ich bin übrigens 44, 1, 90m, schlank und habe kurze Haare. Mache gerne Sport.
Bin übrigens auch vergeben.
Wollen wir uns mal persönlich bei nem Kaffee unterhalten? Ich arbeite in Frankfurt. Vielleicht Montag?
LG Nxxxxx

12 Hallo unbekannte Dame,
mit Interesse habe ich Deine Anzeige gelesen. Bin 45 Jahre alt, blond, blauäugig, Nichtraucher, humorvoll, sympathisch, gepflegt, sportlich, jugendlich, niveauvoll

und gebildet. Neuen Sachen gegenüber bin ich immer aufgeschlossen. Habe eine normale Figur und sehe nett aus, wobei das ja immer relativ ist. Suche eine nette Frau für...Über eine Antwort würde ich mich freuen, dann kannst Du auch noch ein bißchen mehr über Dich erzählen. Liebe Grüße, xxxx

18 Jährige Nymphomanin sucht Erfahrung mit erfahrenen Männern

Meine erste Sexerfahrungen waren echt mies. Ich stehe aber so auf Sex, dass ich nun eine Anzeige aufgeben muss, um Männer für Sex zu finden. Ich will Sex und keine Liebe. Bitte kein A. . . . . . . Ich werde 19 und bin 171. Nur gute Zuschriften werden beantworten. Sag mir
was du kannst.

Antworten:

1 Hallo ich bin ein schwarzer Mann. weißt du mein Penis ist sehr groß und ich mache auch gut sex und komme erst auf Kommando. Probiere ein Blackman und ich kann dich Garantieren. Mies ist nun gestren. . bitte melden

2 schade, das deine ersten sexuellen Erfahrungen so mies waren !! Wenn du möchtest, können wir gemeinsam uns herantasten zu besseren Ergebnissen

3 Hi! Ich heiße Hxxx und kann Französisch und bin für alles offen wozu du lust hast! Mein Schwanz ist allerdings leider sehr dick:-) und deswegen gehe mir Frauen weg. lg xxxxx

4 Mache nicht rum, hörst du? Du versaust dir dein ganzes Leben. Ich kann dir vieles beibringen. Ich werde dir Orgasmen der schönsten Blume bieten! Wäre schön, wenn du nach Berlin kommst, alles ist da und du kannst bleiben so lang du magst, auch für immer. Küsse

5 Hallo, schade, daß du dein bestes bereits für NICHTS verloren hast und nun auch ne ganz gewöhnliche Frau bist. Sei clever und treffe Dich mit mir! Meinen folgend üblichen Text mit allen Tatsachen ändere ich nicht. Hoffe, du weißt Ehrlichkeit zu schätzen. . . Hast du eine Vorstellung wie schwer es ist den "Richtigen"

zu finden? Auch für dich, so sei tolerant! Nun, ich bin Ende 40, 1, 80 m, schlank, grau meliert und gutaussehend, bin in Berlin, absolut gesund und ich möchte / nehme nur eine junge Frau mit der man noch was wahres anfangen kann und somit auch ehrlich lieben kann. Eine, die auch Kinder liebt und sie sollte wissen was wirklich wichtig ist im Leben. Frauen über 30 sind NAHEZU alle nur noch Notlösungen und haben dies auch selbst zu verantworten. Bin erfahren und auch sehr einfühlsam, potent, ausgesprochen zärtlich mit ECHTER Leidenschaft, dem das Wohl meiner Partnerin stets wichtiger ist als mein eigenes. Könnte den ganzen Tag kuscheln. Dies nur, um evtl. Vorurteilen entgegen zu wirken. Rufe abends bis Mitternacht doch die Nr. xxxxxxxx oder xxxxxxx in Berlin an und wir können uns kennenlernen. Es ist moeglich, dass du noch wirkliche tiefe Liebe erfaehrst, die mit einem deines Alters ohnehin nie moeglich sein wird. Jeder kennt Liebe da Partner gehabt und Sex - aber nur die allerwenigsten sehen sie wirklich je in einem ganzen Leben. Du bereuest es nicht wenn du mich einmal kennst

6 Hallo wie gehst es dir, ich bin zwar nur 19 aber habe schon Sex mit Frauen, die über 60 waren. Meine Tante hat mir viel beigebracht, Ich bringe dich im Himmel. Willst du?

7 Hallo ???,
bin zwar aus München aber da ich nicht unbedingt ortsgebunden bin, schreibe ich trotzdem mal! Bin 50 Jahre jung, 177, 78, gepflegt, rasierte Glatze und bin unternehmenslustig und offen. In der Freizeit gehe ich gerne spazieren, mag schwimmen und Sauna, gehe gelegentlich in ein Musikcafe und mag Wochenendausflüge und Urlaub am Meer (sea, sex an sun) und im Herbst in den Bergen zum wandern! Suche eine sanfte Frau für eine harmonische Dauerbeziehung (gerne bis zu unserem Lebensende) und möchte, dass sich nicht nur unsere Körper berühren sondern auch unsere Seelen! Wünsche mir sehr gerne ein Kind(er) und deshalb wäre mir eine Frau, die ebenfalls den Herzenswunsch nach einem eigenen Kind hat, am liebsten! Mir sind Werte wichtig (Achtsamkeit, Ehrlichkeit, Offenheit, Vertrauen, Loyalität, Aufmerksamkeit, bedingungslose Liebe, . . .) Ich liebe Sex und da ich dominant bin, stehe ich auf devote und leicht masochistische Frauen!
Du bist weiblich, Sub, möchtest Dich anlehnen, fallen lassen, Dich in die verantwortungsvollen aber auch kosequenten Hände eines einfühlsamen, aber auch strengen Meisters begeben? Du hast schon Erfahrung im Spiel von Macht und Unterwerfung, suchst aber nach einer starken Hand welche Dir den nötigen Halt gibt und Dir einfühlsam Deine Grenzen aufzeigt und Dich an Diese heranführt? Oder hast Du Deine devote Ader erst an Dir entdeckt und suchst nach jemandem,

der Dich mit viel Einfühlungsvermögen an der Hand nimmt, Dich führt und in diese aufregende Welt eintauchen lässt? Dabei geht es in erster Linie um Verantwortung abgeben und Verantwortung zu übernehmen, zu führen und sich führen lassen, sich fallen und sich auffangen zu lassen und das alles mit gegenseitigem Respekt und gegenseitiger Achtung vor dem Anderen! Solltest Du Dich hierin wiedererkennen, nehme ich Deine respektvolle Bewerbung gerne entgegen. Suche eine Lebensgefährtin nicht nur zur Familiengründung!

8 Hi,
ich kann sehr viel im Bett. Ich bin Inder und ich bin Kamasutra Lehrer
Ich kann dir viele Stellungen beibringen und dir zeigen wie du ein Mann richtig verwöhnen kann und selbst auch richtig und oft auf deine Kosten kommst. Was ich nicht in meiner Lehre zeige, werde ich dir zeigen. Meld dich

9 Hallo,
ich bin Sexappetito aus Venedig, mein Hammer ist so dick und so groß wie ein Elefantenrüssel, sogar ein Schwarzer wird staunen und wenn ich sex mache, er dreht sich um 180 grad und sucht bei dir maximale Höhepunkte.
Diese Weltmeisterschaft mache ich bis du zum Himmel

schreist und den lieben Gott und mir voller Dank zu Füßen fälllst :)) Mehr später, Der Frauenbefriediger.

10 hallo,
wäre ich dir denn mit 38 jahren zu alt?
wenn nicht, dann zeig mir doch mal bilder von dir und schreib mir was dir bisher sehr gut beim sex gefallen hat. Ich komme aus Algerien. Ich bin auch Afrikaner und du weißt, was das bedeutet??? Guter Sex und langer Sex und eng. alles weitere nach deiner antwort.
xxxxx

11 ginge 49/182/90 und aus der Nähe von Kiel? Ich mag gerne junge enge und noch feste Frauen. Ich mag gerne geblasen und geritten werden, Hündchen-, Löffelchen- und Missionarsstellung. Wie groß ist Deine Oberweite? Geht spanisch? Magst Du griechisch? Hast Du Lust, mich am Wochenende zu besuchen? Alleine oder mit einer volljährigen Freundin? Bist Du bi?

Liebe im Alter? Erfahrene elegante Damen Ende 50 sucht Herren bis 30

Sex und Liebe im Alter warum nicht? Sexy ältere Dame Ende 50, sehr gut aussehend sucht junge Männer für erotische Treffen. ich habe Erfahrung. Da ich liiert bin, sind Treffen nur bei euch, Outdoor oder im Hotel oder auch in bestimmten Fällen, wenn wir uns schon gut kennen in meinem Geschäft nach Feierabend. Sehr gerne Black. Ich suche sehr gut gebaute und muskulöse Männer. erzähle mir ein bisschen über dich bei deiner Antwort

Antworten:

1 Hi ich bin attraktiv und erst 19 Jahre alt, Schüler, nicht schwarz sondern blond aber top gebaut. Ich stehe auf ältere Frauen und Sexaffären- in deinem Geschäft wäre schon cool- im Hotel noch besser, wenn du zahlst. Outdoor trau ich mich nicht. also melde dich - ich hab immer Lust

2 Du suchst Black, wegen dem Großen Penis Stimmt? liegt das Problem nicht bei dir? Wie eng bist du oma? Wenn du Eng genug bist, melde dich bei mir, 26/189/85, 14 x 5 aber erledigt gute Arbeit. D

3 Ich bin ein afrikanischer Student aus Kamerun und ich kann dir sagen, du hast die richtige Wahl hier mit mir. 22 x 6, 5cm, und du bist voll, ganz voll. Nicht nur das. Sehe gut aus, spiele in Mannschaft Fußball. Muskel habe ich überall und festen Po auch. Richtige Wahl bin ich. Melde dich xxxx

4 hallo,
ich bin 28 Jahre, Dipl. Physiker und sehr neugierig. was können wir beiden denn alles erleben und welche Vorlieben und wünsche hast du?
du kannst mir ganz offen schreiben. biete absolute Diskretion. ich hatte schon mal geilen sex mit einer 61jährigen. es war richtig geil.
würdest du mir denn mal Bilder von dir zeigen? dann

kann ich dir besser sagen wie ich dich gerne verwöhnen würde. Nicht nur Black sind gut bestückt. 18cmist okay oder?
magst du denn auch dir klaren Wörter oder hast du es verbal lieber vorsichtiger eine Antwort mit Bildern wäre sehr schön.

5 Hey du,
ich würde mich sehr gern mit dir verabreden. Bin ein 21j. gepflegter und charmanter Student. Wünsche mir ebenfalls nur eine Sexfreundschaft, da ich in einer Beziehung bin. Ich stehe auf etwas ältere Frauen. Vielleicht hast du mehr Erfahrungen als meine Freundin. Hier ist echt langweilig. bin ziemlich spontan was die Zeit betrifft. ich hoffe du hast einen schönen Hintern für mich, bis bald

6 Lass uns testen. . unsere Phantasien ausleben. . . das Verlangen spüren. .
Bin öfters ein Frechdachs :-)
. . forsch heisse innige Küsse dir geben. . dich lecken. . deinen heissen Saft schmecken. . spüren wie die Geilheit steigt. Dich massieren. . erregen. . . und dann unartig lach. . vernaschen. .
woo. . ob im Bett. . auf der Couch . . . unter der Dusche. . achja . . oben unten . . hinten seitlich. . dass überlassen wir der Situation. . . und geniessen . . mal langsam genussvoll. . und dann wieder energisch kraftvoll. . . tief in dir drin. . . dich spüren. . . wie du

deine Begierde auslebst. .
Kurz zu mir. . bin 31 Jahre alt. . 1. 89 lang. . Einziges Problem ich bin nicht, wie ein Black gebaut. Nur 14 cm ist zu klein? Europäisch normal gebaut halt. . dunkelblond bis hellbraun sind meine Haare . . lach. . . . Schicke dir heiße feuchte Grüße und freue mich auf deine Antwort

7 Hallo, Mein Name ist xxxx. Ich bin verheiratet und ich habe 32 Jahre. Ich mag alte Frau die gut zeigt. Ich bin ausländer und ich wohne in Köln. Ich will sehr diskret sein und möchte einfach sex. Anderes ich weiss es nicht was muss man sagen. . . Ich warte deine Antwort und mal sehen was. .

8 Ich würde dich gerne zärtlich streicheln, am ganzen körper küssen. Um deine Nippen sanft mit der Zunge fahren, an den Nippeln zupfen.
Dann deine Muchy lecken, sie dabei fingern.
Dich dann zärtlich und innig küssen. Sahne um deine Muchy sprühen und sie langsam ablecken.
Dich sanft nehmen und immer wilder mit dir dann werden. In dir kommen.
Lg

9 Hallo,
ich 192cm groß, 30 Jahre breites Kreuz, normale Ausstattung :-) (Schlimm?), würde dich gerne kennen lernen. Mein Wunsch war es schon immer mit einer

Dame deines Alters erotische Abenteuer zu erleben !! Da ich auch in einer Beziehung lebe wäre mir Deine Vorgehensweise sehr angenehm. Weiteres, wenn du dich meldest, wahrscheinlich läuft dein Briefkasten gerade über
LG XXXX

10 Ich habe gerade deine Anzeige entdeckt und würde mich gerne um die Stelle als geiler Lecker vorstellen!! Kurz zu mir: Ich bin 174 gross wiege 75 kg, bin also normalfigürlich, habe kurze blonde Haare. Ich habe einen sehr interessanten Job, bei dem ich viele Leute kennen lerne und lebe in der Nähe der S-Bahn Axxxxx. Was das Lecken angeht, so habe ich schon in jungen Jahren eine sehr gute Figur gemacht und meine Abschlussprüfung als "staatlich anerkannter Zungenficker" mit Bravur bestanden!!
Ich lecke sehr gerne beide Löcher und stecke meine Zunge tief rein während meine Finger den Kitzler massieren. Andersherum bearbeite ich beide Löcher mit meinen Fingern und lutsche dabei an deinen Nippeln und sauge deinen Kitzler gross und hart.
Solltest Du so feucht werden, das dein Saft aus deiner heissen Öffnung läuft bin ich gerne bereit diesen zu verinnerlichen und dich trocken zu saugen bis auf den letzten Tropfen.
Auch sind mir verschiedene Stellungen nicht unbekannt. 0815 kann ja jeder!! Du darfst dich z. B auf mein Gesicht setzen, so dass du meine Zunge reiten

kannst und wenn Du magst, darfst Du dabei auch meinen Schwanz lutschen.
Ich lecke auch gerne von hinten, weil ich dabei deine Rosette sehe und du mir dein geiles Loch weit entgegen strecken kannst bevor ich dir meinen Schwanz tief in deine heisse, gierige Grotte schiebe.
Solltest Du nun Interesse haben mich kennen zu lernen sende ich dir in der nächsten Mail ein Bild von mir mit!
Bis dahin wünsche ich dir erst mal einen schönen Tag.
Bussi

11 hallo, bin anfang 30, 1,90m groß, schlank, aus der nähe von darmstadt. bin kein single und finde deine idee sehr spannend. ich könnte eine treffmöglichkeit organisieren. interesse? Lg

12 Gott verdammt ! Hoffentlich hast du hängende Buse. Ich stehe voll dazu. Ich verrück danach. Nur wenn sie hängen antworten. Bin 21. 162, 76Lg xxxx

Sie sucht sie

Bin eine Bi-Frau und suche Frau mit Humor, Verstand!

Ich suche eine Frau zum Reden, Lachen, Kuscheln, Ausgehen und Lieben - Ich bin 29J und 166 groß. 85kg. Ich bin selbstbewusst und weiblich. Ich war bis jetzt bi und möchte nun nur noch voll lesbisch sein. Ehrlichkeit, Offenheit, Zuverlässigkeit, Treue, Leidenschaft, gegenseitiges Verständnis, guter Sex, Humor sind sehr wichtig. Ich war sexuell noch nicht so ganz befriedigt mit Frauen. Vielleicht als voll lesbisch, wird es sich etwas verbessern?

Antworten:

1 Liebe Unbekannte, würde Dich gerne kennen lernen. Bin 37 Jahre, ca. 1, 68 m groß, lesbisch, mobil u. lebe in Berlin. Melde Dich bitte.

2 Hallo, ich bin Single und lesbisch und neugierig auf Dich. Meine erste Erfahrungen mit Lesben waren auch nicht so prickelnd. Mit normalen Frauen habe ich guten Sex gehabt. Ich glaube, dass ma, nicht nur wegen Sex mit Frauenlesbisch sein sollte. Ginge es um reinen Sexist Sex mit einer Hetero meiner Meinung nach viel besser. Melde dich.

3 Hi
Habe heute deine Anzeige gelesen und würde dich gerne kennenlernen. Ich bin 37 Jahre komme aus Berlin, Frauenärztin. Bin gerne sportlich unterwegs mag aber auch abende auf dem Sofa mit einer guten Flasche Wein. Gehe gerne ins Kino oder bin einfach nur so in der Stadt unterwegs. Wenn nicht gerade Schnee liegt :-) denn der Winter zählt nicht zu meinen Lieblingsjahreszeiten. Diskretion ist sehr wichtig. Ich kann und darf mich nicht outen
Vieleicht bis bald?

4 Hallo,
na wie geht's ? ;)
würde mich sehr freuen ein wenig mehr über dich und

deine Vorstellungen zu erfahren.
ich selbst 179 cm gross, normal - sportlich gebaut, dunkel blonde haare, graublaue augen. ansonsten bin ich sehr offen und umgänglich. für alles weitere einfach fragen ;)
Ein foto ist ein problem aber vielleicht können wir telefonieren ?. Da ich eine öffentliche Person bin muss alles sehr diskret laufen. Ich habe mich noch nicht geoutet und möchte es auch nicht tun aber Sex mit Frauen zu verzichten wäre mir auch zu doof. Lg

5 Ich bin in einer Beziehung aber Sex mit meiner Freundin ist auch sehr lanweilig geworden. Denke schon die ganze Zeit nach mich zu trennen aber habe noch nicht einen andere gefunden. Vielleicht funkt es mit uns? Bin 23/178/71kg, sehe absolut männlich aus. LG

6 Ich lieb Sex mit Frauen. Es ist einfach unheimlich schön, intensiv, intim. Ich mag es wenn ich eine Frau lecke und fingern darf. Ich mag es, wenn sie schreit, wenn sie kommt und meine Haare zieht. Ich komme aus Chili und lebe seit 6 Jahren in Deutschland. Hast du Lust?

Willst du mich? Dominante 23jährige sucht liberale offene sie für das eine und mehr

Ich liebe Sexe mit Frauen, Zweier, Dreier. Wer will mit mir treffen? wer will sich mit mir amüsieren und mit mir träumen? Man sagt, dass ich hübsch aussehe. Ich bin 23, 171, 65, Treibe gern sport, tanze gern, koche gern und habe spass am Leben

Antworten:

1 hallo unbekannte,
ich habe deine Anzeige gelesen und finde es interessant was du so schreibst, würde gerne mehr über dich erfahren. Mein Mann und ich beide 28, haben am 25 März Hochzeitstag und da würde ich ihm einen dreier mit einer wunderschönen, attraktiven Frau schenken. Wir sind aus München und würden dein Ticket auch bezahlen. Ich weiß nicht so genau was ich schreiben soll ;). Ich bin dunkelhäutig aber nicht schwarz sondern braun und komme aus der Karibik und wohne seit 10Jahren hier. Mein Mann ist deutscher. Wir sind beide gutaussehend, sagt man :). Ich bin schlank, wiege 68kg und 1, 75cm groß und mein mann ist 1, 85cm groß, wiegt 83 kg und sehr trainiert. Würde mich freuen von dir zuhören. Lg xxxxx

2 Hallo süse, ich liebe auch sex mit Frauen. Seit dem ich das ausprobiert habe, will ich nie nie mehr drauf verzichten. Das ist das beste überhaupt auch, wenn ich weiter auf Männer stehe und Sex mit Männer wahnsinnig spass macht. Ich bin elegant, feminin, gepflegt, intim rasiert, sehr naturgeil. Ich mag sehr lecken, verwöhnen, Busen saugen, mit Klitoris spielen. Einfach diese weiche Haut gefällt mir. Ich bin 21, 90C. Ich will mit dir treffen. Hast du Lust?

3 Was bietest du sonst? Lohnt es sich überhaupt? Zeige, was du hast und dann werde ich überlegen, ob ich dir antworte. Melde dich wann du willst. Es ist mir eigentlich egal. Lesben-Verschmutzerin Gruß

4 Hallo, ich 39, 1, 76, sportlich, dunkelblond, blaugrüne augen, sehr gepflegt und studiert suche genau dich! Stehe beruflich im Rampenlicht und brauche unbedingt Diskretion. Es gibt auch von mir kein Bild und treffen ist möglich, nur, wenn du mich bei Reisen begleiten kannst. Wenn es dir nicht ausmacht eine bi-verheiratete Frau mit Niveau zu verwöhnen und dich verwöhnen zu lassen Melde dich doch mal. . . . LG

5 ola, . hoffe es geht dir gut?
bin gerade zu hause und mir ist langweilig da dachte ich mir mal ich schau mich mal hier nen bissel rum ;-) und hast schon erfolg gehabt?

6 Glaubst du mit Lesben wird es besser? Kehre zurück zu Natur, zu Männern und ich zeige dir, was guten Sex ist. Ich lecke besser als alle Lesben. Bin Halb Italiener halb Spanier. Super gut gebaut und bereit dich zu verwöhnen LG

7 Das Beste ist eine Frau zu küssen. Küsst du gerne? Ich bin lesbisch seit dem ich denke kann und habe schon eine Menge Frau flachgelegt. Erfahrung ist deswegen da. Melde dich bei mir 38/ 166, 58, sehr kleine Busen

Schwarze afrikanische Frau sucht Frau für schöne Sache zu zweit

Ich bin 37 J alt elegant, attraktiv und suche eine attraktive, aufgeschlossene Frau zum Ausleben gemeinsamer Träume, Fantasien und viel mehr. Bitte schreib mir viel über dich. Bist du single oder nicht? es ist zwar egal aber ich möchte es wissen

Antworten:

1 Hallo, bin die Sxxx, 50j. Journalistin, bi, verheiratet mit einem sehr dominanten Mann. Solltest u Interesse haben melde dich bitte mit einem Foto. Ok?

2 Meine erste lesbische Erfahrung war leider nichts. Aber nach dem ich deine Anzeige gelesen habe möchte ich noch einmal ausprobieren. Vielleicht bringst du mich diesmal auf den Geschmack? Ich bin 39, verheiratet, und habe 3 Kinder. Schaffst du es mit mir?

3 "Tribadie, ja das will ich mit dir schöne Blacky machen" Unsere Geschlechtsorgane aneinander reiben und damit ohne Penetration zum klitoralen Orgasmus kommen. Das ist sehr schön. Hast du diesen Po von schwarzen Frauen? Rund, knackig? Ich würde alles dafür geben Sex mit dir zu haben. Ich bin 31, Zahnärztin vom Beruf. Ich bin verheiratet aber mein Mann sieht alles das locker.

4 hi! Ich bin die xxxxx19 jahre und komme aus berlin also ich bin lesbisch und single! sex ist mir wichtig und muss auch stimmen! ich bin Schülerin und habe eine feste Freundin. Es muss also diskret sein. Ich will nur mein Horizont erweitern und schwarze Frauen sind so exotisch. Hätte große Lust drauf. ! du bist bi oder nicht mehr bi?

5 hi, hi, komme aus Heidelberg. Bin allerdings schon eine reifere neugierige Ehefrau. 53 jhr166 noch ohne bi-erfahrung möchte mich von dir verwöhnen lassen HAST DU LUST ???? wo wohnst du, wie siehst du aus ?? Da ich noch keine Erfahrung habe, hoffe ich dass du mich schön verwöhnst. Kann ich Dich besuchen ??? Dürfte mein Mann uns mal zuschauen, wenn nicht auch nicht schlimm. Bin 53 jhr 166 38er figur 65 kg bh 85b schultelanges rotbraunes Haar trage eine Brille. freue mich vun dir zu hören
bussy—guxxxx

6 Unbekannterweise HALLO ! Nun, das hört sich fast ZU gut an, um wahr zu sein. 28 J jung und voll ausgebildete Akademikerin. Schon glücklich vergeben. Sollten wir uns kennen lernen ist davon auszugehen, dass es uns an gemeinsamer Wildheit nicht fehlen dürfte, bin ich doch Halbitalienerin mit dem entsprechenden Temperament und Körperorientierung. Aussagekräftige Fotos sende ich selbstverständlich gerne und erwarte Gleiches. Da ich Freiberuflerin bin, ist mein Zeitrahmen sehr offen gesteckt und weitestgehend anpassungsfähig. Solltest Du Zeit und Muße haben würde ich mich freuen, von Dir zu hören.
Besten Gruß xxxx

7 Hallo,
ich bin die Mxxxx 48 Jahre alt. Deine Anzeige gefällt mir da du keine feste Beziehung suchst. Ich bin 1, 71

blond mittellange Haare schlank und auch lebenslustig und ziemlich offen wenn es die richtige ist. Vielleicht kannst du ja auch mit meiner leicht devoten Ader was anfangen. Schwarze und weiße Haut nebeneinander? Das ist sicher sehr sinnlich. Ich würde mich sehr freuen was von dir zu hören. Ein Bild kann ich bei der nächsten Mail mitschicken.
Liebe Grüße
xxxxxx

8 Hallo Unbekannte? Lust eine versaute und dominante türkische Frau zu treffen? Aber wir können nur bei dir treffen. Hotel und öffentliche Plätze sind für mich ausgeschlossen. Bin 180, 62, 85C Brustkorb. Melde dich Afrogirl. Axxxxx

9 hallo habe dein inserat gelesen. also ich bin 34 habe lange dunkle haare und blaue Augen. bin 175cm gross und wiege 65 kg. bin komplett rasiert. Lecke und fingere gut. Dildo liebe ich auch und du? was stellst du dir so vor? hast du schon Erfahrungen mit einer frau? lg xxxxx

10 mag geheimnisvolle, sinnliche und erotische Abende aber auch verführerische und intelligente Gespräche, die viel mit der (unterbewussten) Stimulation des Geistes zu tun haben. . . ich liebe intensive, ausschweifende Zerstreuung für Geist und Körper, Offenheit, Eleganz bis Extravaganz. Ich schmelze

dahin für eine Vereinigung von erotischem Machtgefälle, lasziver Weiblichkeit, luzidem Geist und schamloser Lust. . . . bin offen für viel Neues, offen für ausgefallene Praktiken und unkomplizierten Spaß. . . Skorpion durch und durch mit entsprechenden Neigungen zu intensiven sexuellen, lasziven Phantasien, Leidenschaften und Temperament ;-) . . . stehe auf Oralsex und bin experimentierfreudig, manchesmal gierig nach leidenschaftlichen Sex aber auch tiefgehender Verschmelzung, gepaart mit einer besonderen, sinnlichen und verführerischen Note. . . Dich neugierig gemacht?

11 Für alles Was spass macht, mit vollem Tempo? Hallo, bist Du eine Frau? Und stehst in der Öffentlichkeit? Würde mich gerne anbieten! Bin 39, 169 groß, verh. , sehr gepflegt, sehr diskret, stehe auch fast jeden Tag in der Öffentlichkeit (Politik), verheiratet und absolut versaut. Vielleicht fragst du dich, wie das alles passt. Ich würde gerne dich kennen lernen. . Verwöhne, wenn ich maskiert(möchte nicht erkannt werden) bin gerne outdoor oder an riskanten Plätzen, besonders gerne mit Fingern oder Zunge! Treffen leider nicht jederzeit möglich. . kenne viele Outdoor-Plätze. Aber wir müssen sehr diskret und vorsichtig vorgehen am bestens nicht in Deutschland. Heiße Grüße xxxx

Bei mir kannst wirklich geniessen. das ist garantiert mit Niveau

Junge lesbische Frau möchte verwöhnen und sich verwöhnen lassen. Ich möchte so vielen Sex haben bevor ich eine feste Freundin habe. Merke einfach, dass ich noch viel zu lernen habe. Bin 27J. 168, 69, sehr weiblich und dennoch lesbisch. Bi-Frauen oder auch Heterofrauen sind willkommen. Wichtig sind Fantasien aller Art. Sauberkeit sehr wichtig.

Antworten:

1 Hallo Suchende,
ich bin weiblich, 31, 168, 62, 85C . , verheiratet. hättest Du auch interesse an einem sehr hübschen und gepflegtem Paar ?
GV soll nicht vorkommen, will ich nicht aber man könnte sehr schöne, wohltuende Dinge zu Dritt tun. Wenn Du Interesse haben solltest, würde ich Dir sofort ein Foto zumailen, würde mich sehr freuen.

2 Hallo
ich habe Zeit ab dem 12. 05. . . . Ein Bild habe ich auch, das schicke ich Dir dann beim nächsten Mal;-)Diskretion ist mir auch total wichtig. Ich würde nix riskieren, nur wegen Sex. . Mein Mann ist nämlich sehr angesehen.
Bin die xxx, 32, komme aus der Nähe von xxxxx. Mag Spontanität, d. h. keine langen emails, sondern mag es jemanden persönlich kennen zu lernen. . .
Bin 172, 60, blond, grünäugig. . . . . . vielleicht bin ich ja dabei;-)
Wenn Du magst, melde Dich. . .
Viele Grüße xxxxx

3 Schöne Frau,
ich bin 39, 1, 65, Psychologin, schlank und, wegen der angebotenen Diskretion stark interessiert. Habe bisher noch keine Erfahrung und möchte das sehr gerne

ändern. Fantasien habe ich in Menge. Will keine Beziehung, da ich vergeben bin.
Grüße! Xxxxx

Lesbischer Sex ist kein richtiger Sex? Von wegen, Frau aus Libanon sucht Frau für verrückte Erlebnisse

lesbischer" Sex kein richtiger Sex ist, weil dabei nicht ein Penis in eine Vagina eingeführt wird? Das dachte ich auch bevor ich zufällig mit 15 durch die Tochter meiner Pflegmutter den Sex mit Frau erfuhr. Nun kann ich nicht mehr davon lassen. Obwohl es fast 3 Jahren dauerte, bevor ich mich dazu bekannte. Ich suche Frauen, bis 60 um mein Horizont zu erweitern. Ich würde mich sehr freuen, wenn eine schwarze Frau sich meldet. Habe gehört, dass Sie im Bett sehr wild wären und das brauche und will ich. Ich bin fast 19, 172, 68 kg, lange Haare, teilrasiert und steht nicht auf Soft. Nun seid ihr dran

Antworten:

1 Deine Anzeige hat mir verdammt gut gefallen. Ich bin auch 19 und hab gerade meine erste Erfahrungen mit Frauen. Das ist schlicht falsch, wenn Leuten glauben, dass Sex unter Frauen kein richtiger Sex wäre. Ich bin Hetero und werde nie auf Männer verzichten aber Sex mit Frauen ist etwas Besonderes. Das schönste daran, als Frau Sex mit einer anderen zu haben ist es, dass Du den eigenen weiblichen Körper schon einmal kennst Und was sich für Dich gut anfühlt, wenn du dich selbstbefriedigt oder selbst streichelst wird sich höchstwahrscheinlich auch für die andere gut fühlen. Ich liebe es, wenn eine Frau meine feste Brüste berührt, sie fest anfasst, mit der Zähne die Nippel sanft kaut. Ich habe sooooooooo viele Fantasien, die ich mit dir teilen möchte. Melde dich doch. Würde mich sehr freuen

2 Hallo, bereite mich seit Monaten auf meinen ersten Sex mit einer Frau. Das erste Mal soll etwas spezielles sein, denke ich aber ich habe Angst, dass ich danach nicht mehr auf Männer stehe. Ich weiß nicht, wie sich der Sex mit einer Frau anfühlt. Aber der erste Kuss hat mit sehr gut gefallen. Vielleicht kannst du mich ganz langsam in dieser Welt einführen?. Ich heiße xxxx, komme aus Mainz und arbeite als Redakteurin bei xxxx, bin 31, mit blonden Haaren.

3 Du suchst Frauen mit Fantasien? Willst du meinen Körper erkunden? Ich schreibe dir eine von meinen 1001 Fantasien: du nimmst dir Zeit und ziehst mich langsam aus. Du streichelst meinen Bauch, die Oberschenkel, du berührst meine Brüste, du küsst meinen Nacken. Dabei machst du deine Augen zu und genießt jeden Augenblick und dann fängst du mich ganz leidenschaftlich zu küssen und deine Finger rotieren auf meine Klitoris. Ich will nicht weiter erzählen. Ich möchte alles das mit dir live erleben, wenn du Lust hast mich xxxx, 166, 58 kg, männlich aussehend zu treffen.

4 Von wegen, lesbischer Sex sei kein richtiger Sex? Ja ich weiß es wird oft behauptet aber die Realität ist anders. Intensiverer Sex ist es unter Frauen. Ich spreche aus Erfahrung, weil ich hetero bin und bumse sowohl mit Männern als auch mit Frauen. Frauen lieben Zärtlichkeit. Lesbischer Sex ist daher vielleicht sogar etwa zärtlicher als Hetero-Sex und vor allem intensiver und nachhaltiger. Wenn du Lust auf mich hast, eine erfahrene Frau, 51, sehr elegant, erfolgreich, dann schreib mir und wir werden wilden Sex haben. Liebe Grüße deine xxxx

5 Hallo, deine Anzeige spricht mich an und ich würde sehr gern dich kennen lernen. Ich bin Halbafrikanerin und meine Mutter ist Deutsche. Lebe wieder seit einem

Jahr in Deutschland. Bin in Mozambik aufgewachsen. Mein erster Sex mit einer Frau hat mir sehr gut gefallen, obwohl ich meine Hand in Feuer gelegt hätte damals, , dass Frauen mich nicht interessieren. Ich habe auch nicht immer Lust auf Frauen aber nach einer langen Phase mit Männern ist Sex mit einer Frau eine willkommene Abwechslung. Ich spüre als Frau sehr intensiv meinen Körper und werde richtig WACH. Hast du Lust auf gelegentlichen Sex? Ich sehe gut aus, sehr sportlich, 176, 71, 85 C, sehr knackig. Ich bin in einer Beziehung aber er sieht alles sehr gelassen entgegen. Melde dich doch einfach.

Wild, zart, locker, Erotik mit Niveau? Verwöhnen nach Kunst?

Frau sucht Frau zum gegenseitig Verwöhnen mit Niveau. Ich suche nur lesbische Frauen und keine Bi., bitte Männer bleiben fern. Ich bin 41, schöne weibliche Figur, studiert. Diskretion ist sehr wichtig und wird geboten. Nur Frauen mit einem gewissem Niveau.

Antworten:

1 Hallo,
Schöne Anzeige, ich wohne in xxxxxx. Wir können uns diskret treffen wann du kommen magst. Diskretion ist vielleicht für mich wichtiger als bei dir (Öffentliches Amt und verheiratet). Deshalb in dieser Hinsicht keine Sorge. ich habe Schulter lange schwarze haaren Große Brüste, braune Augen, 165 klein und 72 kg. schicke dir ein Teil von mir leider nicht . hast du aber Bild?

2 hallo
ich bin xxxx bin 27 Jahre alt und ich suche auch das was du suchst. Ich arbeite in einer Anwaltskanzlei (werde bald RA), deswegen ist mir Diskretion sehr wichtig. Ich bin auch nicht nur lesbisch aber.... .
melde dich dann schicke dir ein Bild von mir

3 Hi,
hört sich echt interessant an. Ich bin 27/1, 67/58kg, top gepflegt, rasiert und bi
Habe Zeit nach dem 5. 04. Ein Bild sende ich Dir sofort nach Interesse, auch Du wirst danach ständiges Verlangen haben! Also bis bald? liebe Grüße
Hxxxx

4 Lesbische Frauen sind sehr sanft und verschmust? Macht sein aber ich nicht. Ich 19, 159, 55 will es auch wild, hart mit Dildo und Schlägen, und Bissen . Hast du Lust drauf?

Frühling-Küssen-Liebe-Erotik-Genießen-Leben. Du auch?

Wenn ja, melde dich einfach. Es erwartete dich eine sehr hübsche aufgeschlossene Frau 32, 168, 60, 75C, richtig knackig¼ Italienerin, ¼ Deutsche, ¼ Iranerin. Du siehst alles dabei. Ich will genießen auch sehr gern im Park

Antworten:

1 hmmm meine süße, die Idee mit dem Park fände ich ja ganz aufregend. ich 34/168/58/75c/rasiert würde mich über eine Nachricht von dir sehr freuen. bitte mit bild, da hier einfach zu viele Sspinner und faker rumlaufen, bekommst natürlich was zurück! Lg xxxxx

2 Hallo Frühlingsfrau,
ich bin 24 Jahre, Studentin, schlank, attraktiv, bin hetero aber seit dem ich mal mit einer Freundin ausprobiert habe, kann ich nicht mehr von Frau lassen. Es ist einfach ein anderes Gefühl mit einer Frau zu schlafen. So sinnlich, so intim, so zärtlich. Jede Frau sollte es tun.
Würde mich freuen von Dir zu hören.
Liebe Grüße
XXXX

3 Hast du Lust auf mich und meine Freundin? Sie hat sich aber operieren lassen. Ich meine sie war mal ein Mann und ist nun eine Frau. Melde dich dann. Wir sind beide Ende 20.

Halb/Halb ist voll gut. Afrodeutsche Lady sucht genau dich

Schöne Afrofrau sucht schöne weiße oder schwarze sie für schöne Unternehmungen. erlebe gerade meine lesbische Seite und deswegen nicht so immer selbstsicher. Ich bin 168, 66, knackig, 26J. Sex ist mir sehr wichtig und ich stehe dazu

Antworten:

1 hallo, grüß dich !
oh ich liebe dunkelhäutige süße heiße Frauen . Die Rosafarbige Vagina ist super schön. magst du mit mir erotisch schreiben und Fotos tauschen süße ? :-)

2 Versuche es mal mit einem Paar Sie Bi knackig, weiß aus Spanien, Er Dominant, Deutscher für feste Freundschaft. Keine angst Wir sind verheiratet

3 hallo und einen schönen guten Morgen, ich grüße dich ganz lieb. ich bin gerade über deine Anzeige gestolpert die mich anspricht. ich heiße xxxx, bin 32 Jahre alt und 170cm groß. Arbeite bei einer Bank. Stehe voll auf schwarze Frauen. Hatte noch nie etwas mit einer frau aber jedes Mal, wo ich eine schwarze Frau sehe, werde ich geil. gerne würde ich dich kennenlernen zum Aufbau einer harmonischen, liebevollen und auch geilen Sexbeziehung. Ich bin aber nicht lesbisch. es wäre schön, wenn du dich mal bei mir meldest. liebe Grüße, ciao, xxxx

4 Hi
nett Deine Anzeige zu lesen bin eine reife Frau etwas mollig und habe 90c,
mag vieles im sexuellen Bereich, verwöhne gerne und lasse mich gerne verwöhnen, . Habe gehört von einer Freundin, dass Sex mit schwarzen Frauen sehr

elektrisierend wäre und sehr sinnig. Stimmt es? Ich bin in einer Beziehung aber er muss doch nicht wissen. ich will es wissen. wäre nett von dir zu lesen.
GG xxxx

5 Liebe Unbekannte,
würde Dich gerne kennen lernen. Bin 34 Jahre, ca. 1, 68 m groß, mobil u. lebe in F. möchte seit je mit einer schwarzen Frau schlafen und sie mit meiner spitzigen Zunge verwöhnen. Sex mit Frauen ist so schön und vielleicht noch schöner mit dir? Diskretion ist wichtig. Ich habe eine sehr wichtige öffentliche Verantwortung und in einer Beziehung. Ich brauche mich nicht zu outen, weil ich nicht lesbisch bin. Ich habe mal und zu Lust auf Frauen. Melde Dich bitte. LG xxxx

6 hallo bin auch 29 1. 60 86 kg, in scheidung. . Wir haben etwas Gemeinsames. Ich bin auch Ausländer, wie du. Ich bin eine Türkin und Träume vom Sex mit einer Frau Ganz allein die Gedanke macht mich sehr geil tjaa wenn du Lust hast mich kennenzulernen schreib einfach zurück bin allein erziehend lebe mit meiner 5 jährigen Tochter allein bin deswegen auch besuchbar. wenn du noch fragen hast kannst gerne fragen und natürlich auf ein foto würde ich mich auch sehr freuen du kriegst dann auch ein zurück melde dich einfach
grussxxxxx

7 stimmt auch, dass eure Vagina rosa ist? Rosa ist meine schönste Farbe. Ich bin 51, aus xxxx, bin bi und Mutter. Willst du mehr wissen? Vg xxxx

8 Süße, stehst du auch auf lesbische SM? Ich 23, 168, 65, busenlos Will dich so gern darin einführen. Bin gepierct, kann aber auch sehr zärtlich sein. Melde dich

9 wenn du mir eine Chance gibst. Ich bin sicher unerfahren aber du auch oder? LG XXXX

Sie sucht Paar

Wilde süße Maus sucht Paar für Sex

Ich Ende 30, schöne Figur bin seit längerer Zeit lesbisch aber Männer interessieren mich immer mehr. Deshalb möchte es mal probieren aber zuerst langsam über ein Paar. Sie muss unbedingt bi sein. Bin sehr aufgeregt Habt ihr Lust?

Antworten:

1 hättest Du auch Interesse an einem sehr hübschen und gepflegtem Paar ? GV soll nicht vorkommen, will ich nicht aber man könnte sehr schöne, wohltuende Dinge zu Dritt tun. wir wohnen in Weiterstadt Ich (w) möchte keinen GV, das ist etwas was mein Mann nur mit mir machen darf aber man kann sich doch auch ohne GV sehr schön und erotisch auf einen Höhepunkt bringen, wie z. B. überall lecken, berühren mit den Händen der Zunge den Füßen und wenn nichts dagegen spricht auch mit schönem Spielzeug. Was wir gar nicht mögen ist KV, SM oder Dinge die in die Toilette gehören. Melde dich

2 wir haben Lust, große Lust sogar. Aber! wie lange brauchst du, bist du eine Frau zum Kommen bringst? Davon hängt es ab, ob wir wollen oder nicht.

3 Wir suchen noch unrasierte naturfrohe Lesben. Richtig vollbehaart. Wenn du so eine bist dann freuen wir uns. W61/176/65, Er 54/ 197/98

4 Wir sind beide 17 und haben Lust auf einen dreier mit einer erfahrenen Frau. Wir sind jung aber ziemlich offen. Aber Treffen können wir nicht arrangieren, da wir noch bei den Eltern wohnen. Wir würden uns sehr freuen. Wir haben immer nachmittags Zeit nach der schule und Samstag.

Wilder bi Frau mit Niveau mit Afrofreund sucht Frauen/Paare

Wir sind ein aufgeschlossenes Paar mit Niveau und haben Spaß am Leben. Wir sind kein echtes Paar. Er ist verheiratet und ich bin in einer Beziehung. Er ist mein Liebhaber. Wir treffen uns bei euch oder im Hotel oder im Swingerclub. Erzähle mehr über dich. Sympathie muss sein sonst geht nix. Nur treffen und bumsen geht nicht. Treffen, Kaffee trinken, reden und schauen, ob es funkt. Interesse?

Antworten:

1 Hi, eure Anzeige hat mich gerade neugierig gemacht und darum würde ich gerne mehr über dich erfahren. Wie alt bist du und er? Was für eine Frau stellst du dir vor? Damit du dir wenigstens einen kleinen Eindruck von mir machen kannst: ich bin 173cm, (noch) 35, habe blonde längere Haare, blaugraue Augen und eine normale Figur. Ich bin beruflich sehr engagiert und daher hat in der letzten Zeit mein Privatleben ganz schön gelitten. Aber das soll sich ändern. Mein liebstes Hobby ist das Reisen. Egal ob nur ein Wochenend-Städtetrip, ein Musical-Wochenende oder eine längere Reise in mein allerliebstes Reiseland
Australien. Allerdings treffe ich mich auch gerne mit Freunden, gehe gerne mal einen Kaffee trinken oder Essen und liebe auch gemütliche Abende zu Hause mit einer guten DVD und einem Glas Rotwein. So viel vorerst zu mir. Wenn ich dein Interesse geweckt haben sollte, dann schreibe mir einfach.
Bis dann

2 Hallo Du,
habe ich Interesse an unserer Begegnung und an wilden erot. gemeinsamen Spielen. Ich bin gebunden, aber nicht verheiratet. Du kannst Deinen Mann gern mitbringen, aber ich möchte meinen dann auch dabeisein lassen.

Generell habe ich aber ein viel größeres Interesse an unseren weibl. Spielereien.
Ich bin 38 J. , 1. 76 m und wiege 81 kg, und da oben biete ich Dir BH 95 C. Meine "Lustgrotte „ist enthaart und bereit für den OV, denn den liebe ich sehr. Oben habe ich auch gern hartes Kneten meiner gr. Brustwarzen.
Keine Angst bzgl. des Verhaltens. Ich bin auch in einer gr. Landwirtschaft. Firma beschäftigt und habe dort selbstverst. korrekt aufzutreten

3 Hi!
Vielleicht etwas ungewöhnlich, aber ich probiers einfach mal. Was hältst du davon, einen Mann in einem Keuschheitsgürtel zu verschließen und mit ihm weiblichen Sex zu haben? Ich kann dem gefühlvollen und zärtlichen Verwöhnen deutlich mehr abgewinnen als ein stures raus/rein. Und selbst das ginge ja mit einem Strapon über dem KG ;-)
Ich bin 25/189/84, normal trainiert. Würde mich freuen, von dir zu lesen.
Lg xxxx

4 Hallo Ihr Beiden
Ich bin 38 Jahre und bin ein netter lockerer Mann. Ich stehe auf MMF Sex und würde euch gerne treffen. Mein bestes Stück ist normal lang und schön dick. Außerdem ist er beschnitten. Meldet euch gerne bei mir. Lg

5 Hallo ihr,
ich xxxx (25, Deutsch-Koreaner) aus FFM und suche gerne zwei junge verrückte, die was Abgefahrenes erleben wollen. Ich bin gerne aktiv, leicht dominant und würde gerne eine von Euch beiden abwechselnd in meinem Keller (Andreaskreuz) fesseln, die zuschauen muss, während ich mit der anderen Spaß habe und Euch gegenseitig neidisch aufeinander machen. Bin nicht bi aber habe kein Problem einen Mann zu verwöhnen. Es geht einfach um spaß und spaß kennt kein Geschlecht

6 Wenn er nicht zu dick ist, dann bin ich dabei in allen Löchern. Ich träume davon mit einem schwarzen Mann zu schlafen, wenn die Frau uns anschaut. Ich bin xxxx 44/ 183/73, 15 x 3

7 Hallo
ich heiß xxxx, bin 25 sportlich hübsch, möchte gerne mit euch beide spielen, gerne werde ich auch eure Sklave sein. Misshandle mich bitte bis zum Orgasmus! Meldet euch!

8 ich, 27, m, suche auch Kontakte. Ich bin grade Masterstudent in Hier und utze die Gelegenheit, um Spaß zu haben ohne meine Freundin. . bin fast schlank, 172 cm groß, nett und sympatisch. Bin aus Österreich . Falls Sie noch jemanden suchen, wenden Sie sich an mich. Bi Erfahrung habe ich allerdings nicht.

Leicht behinderte Frau, 24J mit vielen Fantasien sucht Paar/Ihn/Sie

Ich bin doch nur eine normale Frau, die auch mal Liebe und Sex braucht. Ich habe auch viele Fantasien, wie alle andere Menschen. Ich bin körperlich behindert und Sitze im Rollstuhl. Bin 24 Jahr alt, 167, 79 Kg, große Busen. Ich kann auch pervers sein. Wenn du kein Problem mit der Behinderung findest, würde ich mich freuen von dir zu hören.

Antworten:

1 sorry liebe unbekannte, das dir eine frau schreibt. Ich helfe Jemand der zurzeit im Rolli sitzt, damit er er wieder fitter. Er lebt seit langer Zeit alleine ist und möchte mit einer Frau Intim werden. Jedes Mal, wenn ich ihm sauber machen kriegt er immer wieder hoch und er hat einen sehr schönen und langen Schwanz. du gefällst ihm gut und xxxx ist nicht weit. er ist aber erst 35, , sehr zärtlich. Sex hatte er schon früher, deswegen ist er kein Neuling da drin. Er kann mit der Behinderung ganz gut mit einer Frau schlafen Ich kann leider nicht mit ihm schlafen, auch wenn er mir Leid tut. Ich gehöre zu der Familie

2 Hi, mit mir kannst du alle deine Fantasien ausleben und leicht pervers macht die Sache nur reizvoller.

3 Wer hat den keine Fantasien. Ich bin 30 sportlich, gutaussehend und ebenso leicht pervers. Melde dich doch einfach wenn du Interesse hast. Würd mich freun dich ein wenig näher kennen zu lernen

4 Macht Dich auch einen Dreier an?

5 ich habe deine Anzeige gesehen, die mein Interesse geweckt hat. Ich wäre dir dankbar, wenn du mir weitere Informationen geben würdest. Es interessiert mich, wo

ich dich besuchen kann. Welcher Art ist deine behinderung? Hast du finanzielle Interessen? Bis bald

6 Hallo, bin 26J. 178cm 77kg gepflegt, aus Senegal, sportlich und hab einen schoenen knackpo. Bin sehr netter typ und hab schon Erfahrung mit frau mit behinderung gehab. Sie war leicht geistig behindert aber wir haben uns sehr geliebt. Leider musste ich das land verlassen. Ich wuerde mich gerne mit dir treffen. Kannst mir deine tel. geben um weiteres zu arangieren?

7 Na das ist doch mal eine Anzeige. Was für ein Handicap hast du? Ich habe auch eins :)

8 Hallo ich m, 34 sehe jünger aus und kann mit deiner Behinderung umgehen. Das du leichtpervers bist macht mich nur heißer. . . Melde dich mal

9 Hallo Lady,
welche Fantasien darf ich dir erfüllen ? Wovon träumst du, was du bisher in der Realität noch nicht bekommen hast ? Was hast du für Perversionen, die du ausleben möchtest ? Welche Behinderung macht dich unsicher, ob du hier den richtigen Typen findest ?Du siehst, ich habe viele Fragen und hoffe das du sie mir beantworten wirst, denn vielleicht bin ich ja derjenige, der sich gerne mit dir und deinen geheimen Wünschen auseinandersetzen möchte.

Ich bin allerdings schon 38 Jahre alt, 188 cm, gegflegt, rasiert und gesund und wohne in xxxx. Gerne stehe ich dir morgens oder tagsüber zur Verfügung, denn da habe ich durch meine Arbeit oft Zeit. Also, überlege nicht lange und melde dich mal bei mir. Ich würde mich sehr freuen, was geiles von dir zu lesen.

10 Hallo liebe Unbekannte,
ich bin ein gepflegter, diskreter verheirateter Mann (55/188/81) mit wahnsinniger Lust auf diverse Rollenspiele, gerne ausgefallen, aber nicht brutal. Wenn Du Lust hast mich kennenzulernen? Bist du besuchbar wärst, wäre dies prima. Laß uns beschnuppern!

11 Hallo, das ist eine sehr interessante Anzeige, auf die ich gerne einmal antworten möchte. Ich bin 38 Jahre, 1, 88 m, diskret, da verheiratet, sehr sauber und gepflegt. Ich bin sehr offen, mag auch gerne ausgefallene Fetische oder Neigungen. Gerne würde ich Deine erfüllen und mich sehr über eine erste Antwort und weiteren Austausch freuen. Und Deine Behinderung sollte dabei doch wirklich kein Problem sein

12 hallo interessant, bin auch pervers hihihihi stehe auf harten sex melde dich

13 Hallo Unbekannte. . . bin gerade über deine Anzeige gestoßen die mich, obwohl sie sehr kurz und prägnant ist, fasziniert hat.
Ich habe Fantasien und bin immer gerne auch bereit diese auszuleben und siche dabei eine gewissen Erfüllung. . .
Zu mir, ich heisse xxxx, bin 32, 1m80 groß, dunkle Haare, grüne Augen. . . .
Stehe mit beiden Beinen im Leben und finde selbstbewusste Frauen gerne mit einem kleinen Handicap sexy. . .
xxxx ist ja nicht so weit von Frankfurt entfernt.

14 Huhu und guten Tag !
Hast Du Interesse einen reifen, jugendlichen, aktiven Jeanstyp, Single, Anfang 50, 178cm, männliche Statue, offen, f a i r, korrekt, verständnisvoll, lebensfroh, lache gerne, phantasievoll, leicht pervers, zu treffen ? Bin 100% kein Fake, sauber, diskret, mag Toys und habe meinerseits kfI. Bitte Antwort nur wenn es Dir ernst ist und per E-Mail da ich auf 0*900-Nummern oder Verweise auf Kontaktplattformen/Homepages/Chats nicht reagiere. Ich würde mich sehr freuen von Dir zu hören.

zwei verrückte Frauen 23/28 suchen Paar oder Ihn

nur für Sex. harter Sex mit allem Drum und Dran, Wir sind offen für alles. teile uns deine Träume und was du mit uns vorhättest. Treffen nur bei uns und nur in Frankfurt und nur am Vormittag

Antworten:

1 Bin für einen Dreier bereit. Wann soll es los gehen. ? Mann, 38, 188, super Figur, Film Gesicht, leider kleines Männlein, das aber sehr viril und unangenehmen ist.

2 Sympathische Anzeige, nehmt ihr zwei die Pille, oder wärt ihr auch an hemmungslosen Sex ohne jegliche Verhütung interessiert? Mein Mann will es ohne Gummi.

3 Hallo, Harter Sex ist immer gut, aber nicht leicht zu finden. wann könnte ich es denn mal mit euch beiden versuchen? Für ne geile, harte Nummer mit zwei heißen Muschis würde ich noch viel weiter als bis nach Frankfurt fahren

4 Hey, dann meldet euch mal. . . ich Mitte dreißig gutaussehend warte auf eure Antwort. . . ohne Gummi zahle ich gerne bis 100€

5 Hallo, ich bin sehr interessiert. Ich bin zwar jung, allerdings schon leicht erfahren. Ich hatte bereits einen dreier mir zwei Frauen, die viel älter waren und wilden sex mehrmals. Normalerweise stehe ich nicht auf Sex mit Frauen unter 40 aber vielleicht …. Ich kann bis 10minuten durch. Ich bin 19 und bei interesse gibts auch ein foto

6 sportlicher 50ger/175/69/NR/rasiert mit erfahrung, Sie ende 50, 166, 76, halb rasiert mit wenig Erfahrung, verheiratet, in guter Position, Geld kein Problem. Interesse?

7 Hallo,
Eure Anzeige macht mich an. Ich möchte gerne leidenschaftlichen und hemmungslosen Sex mit zwei Frauen haben. Ohne große Vorlaufzeit, ohne Zögern und Zaudern, einfach so. Ich bin 41, gesund, leidenschaftlich, diskret, mobil. Wenn Ihr am Osternwochende Zeit und Lust habt, dann meldet Euch! Ich werde Euch ausgiebig massieren, mit meiner Zunge verwöhnen und mich für Euch bis zur Erschöpfung verausgaben. . . ;) Versprochen!
LG Xxxx

8 Hi, M40, 177, 85 dann lass uns am Vormittag treffen. Kann auch bei uns gehen aber ab 9h, wenn die Kinder in die Kita gebracht habe. Sie ist wieder gegen mittags da. Vorischtig müssen wir sein, das bedeutet: nicht stöhnen, nicht schreien, wegen Nachbar. würde mich sehr freuen. Lg xxxx

9 Sie sind dominant, sadistisch?, auch mit Freundin oder Partner, wollen etwas erleben?
Sie möchten einen Kerl auf verschiedene Weise erniedrigen, demütigen, quälen?
Als Masochist, 58, 193cm, 88kg gepflegt,

tageslichttauglich, nett und diskret,
biete ich Ihnen ihre Fantasie zu erleben und eine irrsinnige Erfahrung zu sammeln.
Ob bei Haus und Hotelbesuchen, im Studio, im Freien, als Begleitung zu SM-Events oder Privatpartys - ich stehe zur Vefügung!
Alle Spielzeuge werden nach Ihren Wünschen zur Verfügung gestellt.
Na Lust bekommen und Sie möchten es gerne mal ausprobieren oder Ihre bisherigen Erfahrungen an mir austesten/erweitern?
Oder sitzen Sie gar mit Ihrer Freundin/ihrem Partner vor diesem Text und stellen sich gerade vor was sie gemeinsam mit mir anstellen könnten

10 Hi,
ich bin 41, stehe eigentlich mehr auf Frauen in meinem Alter. Vielleicht überzeugt ihr mich ja vom Gegenteil...
Ich hätte mal Lust auf ein Überwältigungsspiel. . . ,
eine von euch ist das Opfer, die andere und ich sind die Täter und zwingen das Opfer zu sexuellen Handlungen, welcher Art auch immer. Dabei soll es durchaus hart zugehen. Hab's noch nie gemacht, ist aber bestimmt spannend. Lust?
LG xxxx

11 Hallo ihr zwei,
wir suche ein Abendteuer mit zwei heißen Frauen. Ich bin 32 Jahre, sportlich schlanke Figur und durch und

durch gut gebaut und gut anzuschauen, Sie ist 21, kräftig, schöner Po und super Zunge ☺Vormittags ist optimal.

12 Wann, wo, wie viel? Ab 500€ Analsex ohne Gummi, während du dich erleichterst . Okay?

13 Ich masturbiere und ihr leckt euch, erst wenn ich gekommen bin lutscht ihr mich abwechselnd? Schöne Phantasien? Sex muss anders sein und nicht immer die langweilige Nummer. Ich komme aus Syrien, 23/ 175/65, volles Haar.

14 Hallo ihr zwei. Bin 35, 183, 85kg, gute gebaut und tageslichttauglich. Konnte schon mit mehreren Frauen und Gangs Erfahrungen sammeln und mag das außergewöhnliche. Standhaftigkeit und Ausdauer bringe ich mit, den Rest solltet ihr haben. BIN ABER VERHEIRATET. Das muss respektiert werden. Sonst lassen wir es. Ich werde niemals meine ehe und Kinder auf Spiel setzen, wegen harmlosen Sex, der nach 5 Minuten vorbei ist. Freue mich auf Nachricht von Euch.

15 Hallo die Damen,
ich bin xxxx44J, niveauvoll, sehr gepflegt und gesund. Würde gerne einen heissen Dreier mit Euch haben. Stelle mir vor, dass Ihr Euch erst einmal gegenseitig erotisch verwöhnt und ich dann später mitmache. Stehe

auf französisch gegenseitig pur, GV in verschiedenen Stellungen. Eventuell anal. Habe vormittags Zeit. Ich freue mich auf deine Antwort.
Viele Grüße xxxx

16 Hi,
Ich würde Euch Zwei gerne erleben und es geil mit euch treiben. Es wäre schön, wenn ihr auch Lust drauf habt, wenn ich eine von Euch tief in den Arsch ficke und der anderen mein Zunge in den Arsch bohre. Ich kann eine von Euch gleichzeitig Lecken und Fingern und die Andere schön tief in den Mund, die Pussy oder in den Arsch ficken.
Ich will, dass Ihr mir zu zweit meinen Schwanz und die Eier lutscht und meinen Saft miteinander teilt. Ich habe Ausdauer, und kann öfter hintereinander.
Wenn ihr eure geilen Muschis richtig geil bearbeitet bekommen wollt, dann meldet euch genaz einfach bei mir. Ich freue mich, meinen Schwanz aus zu packen und ihn mir von euch beiden geilen Ladys verwöhnen zu lassen. ich sogr dafür, dass jede einzelene von Euch einen geilen Orgasmus bekommt.
Wann habt ihr Zeit für geile Spiele?

17 Hallo,
mein Name ist xxxx. Ich bin 48/177/95, graublond mit strahlend blauen Augen. Ich komme aus der Umgebung von Hanau und arbeite in Ffm. .
Sex spielt in meinem Leben eine sehr wichtige Rolle.

Sauberkeit, Verschwiegenheit und Zuverlässigkeit sind für mich Voraussetzung! Ich bin sexuell sehr freizügig, tabulos und allem Neuen sehr aufgeschlossen.
Ich hoffe Du meinst es ernst und bist keine von diesen Fakes die sich hier rum treiben. Ich bin jedenfalls kein Fake.
Wenn Du mich nun kennenlernen möchtest, dann melde Dich bei mir. Über Deine Mail (mit Bild und Tel. Nr.) würde ich mich sehr freuen, denn auch ich suche eine sexuelle Bekanntschaft!!! Fotos kann man hier leider nicht mitschicken. SORRY!!!
Grüße und hoffentlich bis bald,
xxxx

18 Das Experiment: Wer von euch besser bläst kriegt 25 € geschenkt. Wer am schnellesten meine Freundin zum Orgasmus bringt kriegt 15€. Geld mach geil. Interesse?

19 Besser bestückt als ich, findest du nur bei Black. Ich bin ein weißer super gebaut Mann20*6 cm Hi . bin der xxxx29j komme aus xxxx. bin 192cm groß wiege 83kg (schlank) habe ein Penis piercing und bin rasiert. wenn ihr kein tg Interesse habt. würde ich mich freuen von euch zu hören dann können wir schon bald gemeinsam spaß haben :-) lg xxxx

Paare aufgepasst! Heiße Lady verwöhnt reife Paare/ihn

Attraktive Dame, 27, gepflegt, gut aussehend und offen, bietet exklusiven Service für reife niveauvolle Paare. Ich verwöhne euch mit echter Leidenschaft, exklusiv nach euren Wünschen. Diskretion geboten und erwartet. Gerne dürft ihr mir euren konkreten Service- und Terminwunsch nennen.

Antworten:

1 Danke für delne Mail. . Bin 25 Jahre schlank und gepflegt. Mein Vorliebe wäre das du mcin Anus leckst natürlich rasiert und davor gründlich sauber gemacht da ich auch sehr auf Hygiene achte. Wäre das machbar?
Lg

2 Ich habe hier ein kleines Problem und würde mich freuen, wenn du mir dabei helfen könntest. Meine Frau und ich würden gerne mal einen 3er machen. Sie will aber keine Professionelle mir dagegen ist es aber lieber, weil ihr mehr Verantwortung zeigt. Nur leider findet sich hier nichts gescheites. Deine Anzeige und Deinen Service habe ich hier des öfteren schon gelesen und der hört sich für mich auch gut an. Entweder findet man hier Frauen, denen es Egal ist wen sie ran lassen oder es melden sich diejenigen wo Männer unerwünscht sind. Ich würde gerne das finanzielle so mit Dir regeln, dass meine Frau nichts davon merkt. Wäre das Ok für Dich? Du müsstest allerdings auf unsere Anzeige erst antworten, (die Anzeigeadresse gebe ich Dir dann bekannt, wenn das mit Deinem Honorar schon geklärt ist.) Wenn du dann auf unsere Anzeige antwortest bitte erwähne nichts von unserem Abkommen. Ich greife jetzt zu dieser Lösung, weil wir sonst zu unseren Traum von einem geilen 3er sonst nie näher kommen. Bitte schreibe mir erst auf diese Anfrage, mit meiner Mailadresse zurück. Teile mir einfach mit wie hoch

dein Honorar pro Stunde ist und ob du auch damit einverstanden bist. Bilder kann ich Dir auch von uns schicken, wenn ich deine E-Mail Addi habe. Gruß xxxx!!

3 Meine Freundin und ich suchen eine Frau für Sex zu dritt, wobei es mehr um sie geht. Diskretion ist uns sehr wichtig. Treffen kann bei uns stattfinden aber, wegen Nachbaraugen erst gegen 22Uhr. Wir sind ende 40 und Akademiker und kommen aus der Türkei. . Kinder wohnen nicht mehr zuhause. Sie steht auf weibliche Frauen mit vollen Busen. Melde dich bitte, wir würden uns freuen

4 huhu
würde meinen freund gerne mal überraschen ;)
was bietest du alles an
wir stehen auf Sex in verschiedenen Stellungen, OV, Zungenküsse, Körperküsse, Streicheln, Fußerotik, erotische Massage, Rollenspiele, dominanter Service, Zungenanal passiv, Eierlecken, Schenkelverkehr, Körperbesamung, Masturbation, Outdoor, Sauna, Restaurant, Kino), Dildospiele und ich sehr auf Auch AV

Kräftige aber schöne Frau, 28, 85 C sucht unkomplizierte Paare/Sie/Ihn

Ich möchte mein Horizont erweitern und suche Paare, die gern mich besuchen würde für schöne Unternehmungen. Wenn wir uns sympathisch finden ist eine feste Sache nicht ausgeschlossen. ich bin single. Ihr sollte bis 60 Sein. Bin 170, 77KG 85C

Antworten:

1. Hallo hübsche Unbekannte,
   ich habe deine Anzeige gerade gelesen. Eine Freundin und ich suchen eine Gespielin für ein erotisches Abenteuer zu dritt. Für sie wäre es das erste Mal und sie ist sehr aufgeregt. Wir (23 + 22) sind beide sportlich, 171 und 179 cm groß. Sind tageslichttauglich und interessiert an neuen Kontakten.

2. na du bin 28 180 75 hab Foto. Du bist kräftig? Ich lieb Frau, die Kraft haben, Ich bin viel kräftiger als du. Ich habe mehr Kraft. Du machst mich keine Angst. Ich kann mehrere Frauen auf einem Mal. Willst du mich genossen?

3. Hallo,
   wir haben deine Anzeige mit sehr sehr großem Interesse gelesen.
   Wir sind ein attraktives, aufgeschlossenes, spontanes, offene Paar mit einem gepflegtem Erscheinungsbild. xxxx 38 J. , üppige Oberweite, halblanges dunkelblondes Haar, xxxx 177 cm, blondes kurzes Haar, leicht gebräunt, Bierbauch, normal gebaut und und und . Würden uns freuen von dir zu hören

4. gern besuchen wir m23 und w 18 dich für unkomplizierten spaß. sind auch offen für eine 3er

Beziehung. sind beide attraktiv :)Du musst aber Anal mögen. Ich mag es eng.

5 Wir sind 17 und 21 und möchte auch unser Horizont erweitern. Da wir noch bei unseren Eltern leben aber noch von Sex verzichten wollen und weil wir ziemlich laut sind, haben wir seit einigen Wochen heimlich eine kleine gemütliche und diskrete Souterrain-Einzimmerwohnung angemietet. Sie ist möbliert mit einer Badewanne. Wir treffen uns dort gern mit anderen Pärchen aber Diese Wohnung möchten wir auch gern untermieten, wenn sie etwas Diskretes machen möchten. Hast du Lust mit uns zu treffen? Sie ist vollbusig und er mit 17 ziemlich stark gebaut.

6 Junger Mann putzt gern nackt für dich. Hallo bin ein sehr zuverlässiger junger Mann ordentlich und gepflegt wenn du Interesse hast oder Fragen zu mir dann melde dich doch einfach? Ich warne schon lieber jetzt, ich bin impotent aber kann trotzdem kommen. Es geht primär um Putzen.

7 Bist du Intimbehaart? Kannst die Haare noch sehr lange Wachsen? Wenn ja meldest du dich bei uns. Wir sind Intimhaarfetischistisch

8 Lust unsere Hausfreundin zu sein? Deine Anzeige hat uns sehr angesprochen. Wir sind ein Sympathisches Paar (48/58), sehr gutsituiert, sehr gepflegt und tolerant

und suchen eine nette, Bi-Frau für gelegentliche erotische Treffen am Wochenende abends. Sie ist stark bi aber niemand soll es erfahren. Deshalb ist Diskretion für uns am wichtigsten.

9 Hy! da meine eigene anzeige nicht den erhoften Erfolg brachte, antworte ich dann auf deine Annonce. ich würde gerne beobachten wie du meinen Mann verwöhnt. wir sind für vieles offen, alles kann, nix muss! wenn du auch Lust auf Lust habt, melde dich einfach mal! was draus wird sehen wir ja dann. bis bald!33/28

10 Erster Bi-Versuch, Paar, sehr gepflegt, sie Mitte 30 und er Mitte 40 wollen dich für erste bi Erfahrung sie. alles andere per Mail. Gerne auch Bilder. treffen sollte bei dir sein. Okay? Diskretion ist sehr wichtig . Sie und ihr Mann leben hier. Ich bin auch verheiratet aber lebe wo anders und nur in der Woche zum Arbeiten hier. Treffen kann bei mir im Hotel stattfinden. Da sie verheiratet ist geht's nur Tagsüber.

Er sucht sie

Gut aussehend, erfolgreicher Unternehmer sucht Frau mit Niveau

Ich will nicht viel, ich möchte nur glücklich sein mit allen Drum und Dran. Ich suche nette Frau für schöne Zeit zusammen. Scheib mir über dich mit vielen Informationen und Wünschen. Ich bin 41, 189, 82 kg, sportlich.

Antworten:

1 Hallo Du !!! Magst Du mich leiden ? Dann könnte das ein neuer Anfang sein vielleicht für uns ? Ich möchte auf diesem Wege einen netten und unternehmungslustigen Mann kennen lernen . Langweiler und Stubenhocker unerwünscht das hatte ich 2 langweilige Jahre :-(Ich bin 26 Jahre alt und nach 2 Jahren Ehe wieder solo . Zuerst habe ich meine neue Freiheit genossen, nur auf Dauer ist das nichts für mich. Ich bin leider immer an die falschen Männer geraten, entweder waren sie nur auf ein Abenteuer aus oder verheiratet . Sex spielt schon eine wichtige Rolle für mich doch gehört auch Liebe und Vertrauen dazu. Für eine schnelle Nummer bin ich mir zu schade obwohl ich Nachholbedarf habe und die letzten Jahre eher langweilig waren . Ich arbeite in der mobilen Pflege. Das wichtigste ist aber das Du kein Langweiler bist. Entschuldige, wenn ich Dich hier einfach so dreist anschreibe… Aber ich denke mir – besser gerade heraus, als ewig langes Rumgehschreibe. Hättest DU Interesse an einer erotischen Dauerfreundschaft mit mir – darunter verstehe ich KEINEN ONS – sondern eben eine längerfristige Freundschaft bei der (gegenseitige Sympathie vorausgesetzt) auch die Erotik nicht zu kurz kommt.

2 Habe Mal wieder Lust schöne Stunden zu verbringen. Kann auch gerne Outdoor sein. Weiblich 168, 70, Akademikerin, verheiratet. Diskretion wichtig

3 Nur sanfter Zungenschlag, streicheln mich Ohne GV bis zum Gipfel? Diskretion vorausgesetzt! Bin auch Unternehmerin und lesbisch. Trotzdem brauch ich Männerfeeling.

4 Deine Annonce klingt verlockend. Was bietet der Herr? Mit Taschengeld ohne Gummi möglich. Neugierig?

5 Nette berufstätige Frau 156, 54 mit Niveau würde dich gern treffen. Alles ist möglich aber muss nicht sein aber ich bin verheirate und brauche große Diskretion. Treffen bei mir unmöglich. .

6 Hallo, Ich bin aus xxxx und 60 Jahre alt, habe graue Haare und habe braune Augen. Ich sehe gern fern, mag es zu reisen, stehe aufs Kochen, arbeite mit dem Computer, gehe sehr gerne aus, mag alles rund ums Outdoor. Beim Sport steh ich auf Joggen, Tanzen, Schwimmen. Was mir fehlt ist auch der Sex. Mein Mann steht leider seit Jahren nicht mehr aber trotzdem muss er nicht wissen, dass ich fremde Männer treffen. Wenn du eine alte Frau befriedigen und lieb haben kannst dann....

7 Würde dir mehr Informationen über mich geben aber erst nach dem ersten Kontakt. Ich bin 51J alt, liiert sehe aber jung aus, attraktiv und lache gerne. Würde mich freuen eine Antwort von dir zu bekommen.

8 Wenn nicht jetzt, wann dann? Ich suche Abwechselung. Ich suche definitiv keine feste Partnerschaft. Ich habe eine aber der Sex macht keinen Spass. Zu mir wäre zu sagen: Ich bin eine offene Frau, gerade heraus, kann gut auf Menschen zugehen, nett, sehr humorvoll, natürlich und habe kein Problem damit, auch mal über mich selbst zu lachen. Ich bin fit und flott. An vielen schönen Dingen interessiert wie z. B. Musik, Kultur, Genuss etc. Koche und backe ziemlich lecker, bin auch total oft und gern mit dem Rad unterwegs, liebe auch die ein oder andere Städtereise, oder auch ab und an mal ein wenig weiter weg(z. B. sehr gerne mein Lieblings-Reiseland Italien). Ich liebe nette gemütliche Cafés, die Natur, meinen Garten, liebe Menschen,

9 Liebe, Lust, Leidenschaft und Leben. Sie Anfang 20. , will ihr Leben umkrempeln und deine Anzeige kam gerade gut. Die Zukunft liegt vor uns also warte nicht zu lang

10 Bevor du mehr Informationen willst, sag wie du gebaut bist oder glaubst du, sich als Unternehmer auszuweisen reicht es, um im Bett spass zu haben? Suche nur eine

lockere Sexbeziehung, da ich einen Mann zu Hause habe.

11 Vielleicht du? Deine Anzeige gefällt mir. Möchte wieder lieben, lachen, träumen einfach das Leben erleben! Es kann noch nicht alles gewesen sein oder? Meine Freundinnen reden von Stundenlangen Sex und bei mir dauert nur Sekunden? Ich glaube noch fest an die große Liebe mit tollem Sex, gibt es sie denn überhaupt noch oder suche ich vergeblich? Wenn du wirklich es kannst und nicht wieder nach einer Minute schon sagen es tut mir Leid, das hat mit Stress zu tun usw. würde ich mich jetzt über eine Antwort von dir sehr freuen. Zu mir: ich bin 1984 geboren . Bin Nichtraucherin. Freue mich jetzt immer noch über dich, nur keine Angst. Ich beiße nicht

Lust auf Schwarze Haut? Das Schwarze Feeling? Hast du vielleicht auch Lust darauf

Ich möchte dir nicht viel versprechen. Ich bin Black super gebaut, Traumliebhaber, (bitte nicht lachen, ich gebe hier ein bisschen an -;)) 33J, 185, 85 kg, sportlich, Akademiker Dipl. Ingenieur. Ich liebe Freiheit aber bin sehr zuverlässig. Ich will mit dir zwangslose Spaß haben und vielleicht mehr? Bewerbe dich bei mir. Was bietest du an? Warum sollte ich mit dir ins Bett steigen? Ein Dreier, Vierer? Wo ist das Problem ich befriede euch, wie es sich gehört.

Antworten:

1 hi schöner schwarzer Mann,
Nein du gibst nicht an. Du bist vielleicht zu selbstbewusst.
wie alt bist du denn? ich bin in den 40ern, groß, schlank, attraktiv, selbstbewusst, unkonventionell, weiß was ich will und hab gerne spaß.
verliebt war ich schon lange nicht mehr, so bin ich sehr neugierig auf dich, da du versprichst. . .
gespannt bin ich auf deine "freiheit aber zuverlässig".
Was kann ich anbieten? Mich? Auch Akademikerin, 168, 68, 75C, weiblich, in festen Händen, aufgeschlossen und offen für alles, was Spaß macht.
magst du mich treffen? freue mich, von dir zu hören bis dahin allerliebste grüße xxxx

2 Hallo blacky,
also ich heiße xxxx, meine Freundin xxxxx. Wir sind beide Ende 40, beide mollig, besonders ich und beide verheiratet! Und wir sind beide verheiratet mit sehr toleranten Männern. Ihnen ist das egal, Hauptsache, wir machen es sehr sehr diskret!!!
Und wir stehen auf farbigen Männern, denn das ist ein besonderer Reiz und sie haben fast immer (das ist wirklich so!) die größeren Schwänze. Und besonders ich fahre darauf voll ab.
Mit Farbigen habe ich ziemlich Erfahrung, vor allem US-Soldaten. Hatte jahrelang einen Freund in der

Kaserne in Babenhausen, der sogar ab und zu richtige Gangbangs organisiert hat. Und außerdem hat er sich immer mal nach echten Großschwänzen umgeschaut und die gefragt - und meistens wollten sie auch.
Ich habe sogar etliche Bilder!
Nun zu Dir!
Wo wohnst Du eigentlich (Stadt, Ort)?
Wie groß bist Du? Wie schwer (dick)?
Wie groß ist ER?
Aus welchem Land kommst Du?
Hast Du eine Wohnung, wo wir uns treffen könnten?
Noch etwas! Chemie, Sympathie usw. muß schon da sein, aber ist nicht extrem wichtig. Ixxxx und ich suchen keine "Beziehung", wir suchen SEX!!!
Du solltest es uns gut besorgen, nicht mehr und nicht weniger!
Wäre das OK?
Beantworte mal bitte die Fragen!
Ich übersende Dir dann gern ein/zwei Bilder!
xxxxx

3 Danke für deine nette Antwort auf meine Kontaktanzeige.
Kurz zu mir, ich bin 26 Jahre alt und ledig, schlank, blonde Haare aber nicht dumm und denke, dass ich mich mit meiner Figur auch zeigen kann. Bin derzeit sexuell frustriert. Er ist fast nur Unterwegs und ich brauche ein bisschen Sex. Nicht viel aber so einmal die Woche. Ich suche einen Freund, für eine lockere

Beziehung, mit
gelegentlichen Treffs. Ich schicke Die noch ein paar Fotos mit. Solltest Du Interesse haben, melde Dich doch mal. Für ein rein unverbindlichen Kontakt bin ich auch sehr gern bereit.
Wenn Dir soweit alles zusagt und Du Interesse an meiner Person hast, kannst Du mir eine Mail schicken, gern auch mit Bild wenn Du eins von Dir hast, ich melde mich dann.
Ich würde mich freuen wenn ich was von Dir höre lg
xxxxx

4 Hallo Du noch Unbekannter Nettern mann bist du doch oder?
Nun bin über deine anzeige gestolpert. . . aber glück gehabt ich habe mir nicht weh getan ;)
ich bin die Axxxxx Ich bin 29 Jahre alt habe dunkelbraune Haare. Ich Arbeite Als Malerin und Fotografin . , ich habe eine kleine wohnung. . und bin aber zurzeit ein bischen einsam und es fehlt mir das, was du anbietest. Aber vielleicht bin ich ja gerade diejenige die du suchst, Ich bin eine ganz normale Nette ich Tanze auch sehr gerne und liebe Sex
Bin ich die die du suchst?. . . mehr über mich erfahren. . . oder nimm dort doch gleich kontakt mit mir auf.
Liebe Grüsse xxxx

5 Hallöchen ich bin die xxxx ich weiß deine Anzeige ist schon etwas älter aber ich habe sie durch Zufall

gelesen und dachte mir ein versuch ist es ja noch wert, also natürlich nur wenn du noch nicht vergeben bist. . . . was ich ja nicht hoffe . . für mich. . lach. Also ich heiße Lxxx bin 30 Jahre alt von Beruf bin ich Reiseverkehrsfrau ich bin 1, 66 groß und Hobbys sind Lesen, Tanzen. . . und alles was das Leben lebenswertmacht. Kurz gesagt ich habe Lust auch dich. Bist auch richtig gut gebaut? Du verstehst, was ich meine . Ich bin eine Bombe melde dich und du wirst es sehen.

6 Hallo Black, ich habe Erfahrung mit Schwarzen und stehe auf dickem Sch…. . Ich bin in einer Beziehung mit einem Afrikaner und wir haben zwei Kinder. Er geht oft fremd und ich dachte mir, dass ich es auch tun sollte. Ich wohne nicht weit von Frankfurt. Treffen bei mir am Vormittag wäre kein Problem. Er ist nicht immer da. Ich xxx, bin 168, 72 kg, habe Arsch, wie schwarze Männer es mögen und kann sehr gut meine Hüfte bewegen. Ich werde dich im Bett überraschen. Melde dich

7 Hallo Unbekannter, deine Anzeige in der xxxx klang recht geheimnisvoll und interessant . . . ich würde Dich wahnsinnig gerne kennenlernen. Anbei sende ich Dir ein Foto von mir - ich bin 33 Jahre alt, 163 cm klein, habe eine sportliche Figur und schulterblattlange dunkelbraung gesträhnte Haare. Tätig bin ich als Sekretärin des Kaufmännischen Leiters in einem

Immobilienunternehmen - mein Job nimmt leider (oder zum Glück) sehr viel Zeit in Anspruch. Den Ausgleich zum Alltagsstress hole ich mir durch Sport - ich gehe ziemlich oft ins Fitnessstudio und sehr gerne joggen, biken und inlinern. Tiere sind ebenfalls eines meiner Hobbys - ich liebe Pferde, Hunde und Katzen. Davon kann ich mir leider aus Zeitgründen nur letzteres halten: 2 Kater. Ich gehe wahnsinnig gerne aus (Bar, Bistro, Kino, Disco, Restaurant, Partys, Feste), bleibe dennoch auch sehr gerne mal daheim. Würde mich freuen, ein wenig über Dich zu erfahren. Viele Grüße xxxxx

8 durch Zufall habe ich Ihre Anzeige in der Frankfurter Rundschau gelesen. Sie suchen eine zwar eine Dame . . . aber vielleicht hätte Sie auch Interesse an einer ganz normalen Freundschaft zu einem Mann? Ich bin 38, Deutscher, ebenfalls Akademiker (Betriebswirt), verheiratet, keine Kinder, locker & offen . . . und suche einfach nur neue, gute Freunde. Wenn Sie mehr über mich wissen möchten, schreiben Sie mir doch einfach ein paar Zeilen zurück, gerne können wir aber auch telefonieren;
Viele Grüße

9 Hallo
Klingt sympathisch, interessant und hat mich neugierig gemacht und auch ein wenig nervös, da ich keine Erfahrungen mit Afroblack habe, was du ja vielleicht

ändern kannst.
Wer bist du und woher kommst du?
Streichelst du gerne?
xxxx, schlank, sehr feminin und für vieles offen auch wenn in festen Händen. Er ist sehr eifersüchtig. Treffen kann nur bei dir stattfindet. Kein Treffen in der Öffentlichkeit. Zu Riskant. .

10 Hallo Afroblack
Deine Anzeige ist sehr reizvoll. Ich bin wenig erfahren mit "schwarzen Männern" vielleicht weil es wie ein Tabu für mich war, aber ich finde es auch sehr erregend es mir vorzustellen.
Ich lebe in Wiesbaden, arbeite aber in Frankfurt. Bin 31 Jahre alt, schlank und habe eine sehr grosse OW. Ich gehe gerne tanzen und auch in die Sauna.
Vielleicht magst du das ja?
Wie siehst du aus und wie bist du gebaut?
xxxxx

11 Hallo lieber Unbekannter,
wir haben deine Annonce gelesen und sind sehr neugierig geworden. . . . da wir eine Schwäche für schwarze haut haben würden wir dich eventuell bei Sympathie gerne kennen lernen.
Wir sind 2 Studentinnen, 21 und 23 Jahre, kommen aus dem Raum Frankfurt und sind sehr aufgeschlossen.
Würden uns freuen wenn du dich mal meldest, sollte aber sehr diskret sein da wir beide zurzeit liiert sind,

sollten wir dir zu jung sein verstehen wir das natürlich auch und vielleicht kennst du schwarze Männer oder Kumpels in deinem Bekanntenkreis die eventuell Lust auf einen erotischen Kontakt mit 2 netten weißen Mädchen haben ?! iieben Gruß von xxxx u. xxxx

12 Hallo Unbekannter,
heute bin ich online auf Deine Anzeige aufmerksam geworden, weil ich auch eine Art von lockere Beziehung suche, mit dennoch Kontinuität und den Rest des Sommers gerne noch zu zweit genießen möchte. Da ich etwas unkonventionell eingestellt bin, finde ich, passt es Dir einfach mal zu antworten.
Bin etwas älter als Du, 1, 67 m groß, schlank, sportlich, mit Mann, halte mich fit im Fitnessstudio, eine eher natürliche Frau, die weiß was sie will und was weniger!
Allerdings habe ich am meisten Zeit an den WE, und würde diese Zeit gerne dann mit einem netten Mann verbringen. Zum gemeinsamen Lachen, Unternehmungen, Kochen, Reden, alles Mögliches eben und mit dem ich durchaus das Bettchen teilen möchte. Wohne eine halbe Autostunde von Frankfurt entfernt, habe aber ein Auto, von daher sollte die Entfernung kein Problem sein.
Sende Dir mal ein Bild von mir mit, allerdings im Outdoorlook, mitten beim Ausflug. Sicher nicht so prickelnd für ein Mann aber, meine Figur ist durchaus feminin.

Ach noch etwas was wichtig ist, ich suche keinen ons oder einfach mal nur so zum Testen oder ausprobieren, sollte wirkliche Kontinuität dahinterstehen.
Falls Dich mein Bild angesprochen haben sollte, werde ich hoffe ich doch etwas von Dir lesen.
Viele Grüße
xxxxxx

13 Lieber Unbekannter,
eher zufällig habe ich das Journal-Frankfurt zur Unterhaltung auf einer Zugfahrt gekauft und aus Neugier die Kontaktanzeigen gelesen. Es hat lange gedauert, bis ich den Mut gefasst habe, auf Deine Anzeige zu antworten. Denn ich habe helle Haut, hellbraune Haare und blaue Augen. Bereits die sichtbaren Unterschiede mögen in den Augen einiger Menschen Grund genug sein, keinen Kontakt aufzunehmen. Doch für mich sind diese Unterschiede nicht wichtig. Eventuell sind sie ja auch für Dich nebensächlich? Trotzdem habe ich das Gefühl, Dir eine Erklärung zu schulden, warum ich Dich kennenlernen möchte. Letztes Jahr habe ich eine Reise in das südliche Afrika unternommen (meine erste Reise dorthin) und die Menschen dort als überaus freundlich, fröhlich und unkompliziert erlebt. Diese Eigenschaften schätze ich sehr und vermisse sie manchmal im Umgang mit den Menschen, die ich in Frankfurt kennengelernt habe. Vor 10 Jahren bin ich aus der Nähe von Köln nach Frankfurt gezogen und stelle fest,

dass die meisten Hessen keine rheinischen Frohnaturen sind. Aber vielleicht treffen diese Eigenschaften ja auf Dich zu, da Du zumindest afrikanische Wurzeln hast und ebenfalls auf der Suche nach Menschen mit Freude und Spaß am Leben bist. Dass ich selbstbewusst und unkonventionell sein kann, beweist schon meine Antwort auf Deine Anzeige. Und leider kann ich manchmal auch ziemlich dickköpfig sein und will mit dem Kopf durch die Wand. Die Unterschiede zwischen uns mögen größer als unsere Gemeinsamkeiten sein, aber dies würde ich gerne mit Dir zusammen herausfinden. Immerhin eine Gemeinsamkeit ist das Alter: ich bin 33 Jahre alt. Außerdem verbringe ich gerne den Sommer unter freiem Himmel (wenn er auch diesmal nach meinem Geschmack zu kühl und zu nass ist) und unternehme gerne etwas. Wenn es für das gemeinsame Genießen des Sommers schon etwas spät ist, können vielleicht noch der Spätsommer nutzen, um ihn gemeinsam zu erleben.
Ich bin gespannt darauf, Dich kennenzulernen und freue mich auf eine Antwort von Dir.

Gebunden und doch allein? Welche "SIE" sehnt sich nach Sex und Zuneigung? . . .

Wirst du da sein? Du wirst in eine Welt vollem Sex und Zärtlichkeit entführt, welche leidenschaftlicher nicht sein kann und die Du vorher noch nie gekannt hast. Es beginnt mit einem süßen Kuss und Du wirst gleich meinen Steifes Glied und meine Umarmung spüren, meine warmen Hände die Dich mit sanften und hart streicheln langsam entkleiden

Möchtest Du mich kennen lernen? Ich bin ein sportlich schlanker nicht sehr attraktiver Mann aber dafür Hammer gebaut, der offen für fast alle Deine erotischen Wünsche ist.

Du sollst mich wirklich real kennen lernen und erleben.

Wenn Du gerne möchtest, können uns erstmal per Mail ganz anonym beschnuppern.

Ansonsten bin ich mobil, besuche Dich gerne zu Hause oder im Hotel.

Solltest Du mich aus Diskretionsgründen gerne zu Hause besuchen wollen? Das geht leider nicht. Ich bin gebunden und meine Frau ist sehr eifersüchtig. Aber wir können uns auch im Hotel lieben oder auch in meinem Büro. Hotelkosten übernehme ich selbstverständlich.

Ich stelle keine Erwartungen, was Dein Alter, Konfektionsgröße und Aussehen angeht. Die 100% tige Diskretion und Sauberkeit werden meinerseits geboten und auch erwartet.

Ich will Sex, einfach Sex, Freue mich auf dich/euch

Antworten:

1 Baujahr 63, schlank, blond aber nicht blöd, schlank, mit Vierbeinern und Zweibeinern im Haushalt und deshalb wenig Freizeit aber dafür besuchbar. Du sparst somit Hotelkosten. Wenn du das nötige Verständnis hat. Käme ich in Frage?

2 Schmust du gerne? Ich weiß, daß Afrikaner nicht sehr gerne küssen. aber vielleicht ändert es sich mit mir?178, 90, verheiratet. Schmusen gegen Sex. Wenn ja melde dich

3 Mollig aber schon. Bin 166 und 93 kg, Zu mollig für dich? Eigentlich ja gell? Aber versuchen habe ich trotzdem. Du kannst dich melden. Bei mir hast du garantiert sex.

4 Langer Text auch lang in der Hose? Wenn du belastbar bist würde sich eine ältere verheiratete Dame mit Niveau freuen. Bin zwar alt aber mit voller Energie. Freue mich auf deine Antwort

5 Junge hübsche Dame aus Philipina ist auch okay? Hallo mein Name ist xxxx, bin 19 Jahre alt, 160 cm klein, schlank, kleine aber feste Busen, und meine Freunde sagen ich bin hübsch. Bin Krankenschwester, in xxxxx. . Ich spreche Englisch. deutsch kann ich noch nicht gutmöchte es aber gerne lernen. Die E-Mails in deutsch

wird meine xxxx in Deutschland übersetzen, besser ist es aber mir in Englisch zu schreiben. mich über dir freue ich.

6 Hallo, deine Anzeige finde ich schön. DU hast bestimmt eine nette Idee was DU mit mir heute so anstellen könnten ?, Nein? Ich hoffe aber ja. wenn ja flüsterst Du es mir vielleicht wenn wir uns treffen?. . . ?Ich, Marion, 23, 177, 65bin Dänin und studiere an der HU Berlinich habe einen Freund, der nichts davon wissen muss. Eine Freundin meinte Sie wüsste wie Frau einen Mann verrückt machen kann al Studentin, nämlich einfach Nett zu Männern sein! Naja, und da ich auch dem Herdentrieb unterliege und sexuell sehr aktiv bin findest Du mich grad hier. Und ob ich nett sein kann könntest Du ja mal testen wenn Du magst, Ich bin ein sehr gepflegtes Girl mit Stil, etwas schüchtern am Anfang, aber lebensfroh und weltoffen, nur Deinen Charme und Deine Toleranz am Beginn meiner erotischen Abwege brauche ich um nicht gleich ganz zu verzagen, ist das OK für DICH?

Suche asiatische oder indianische Frauen für einen One Night Stand

Gut situierter Herr sucht Frau aus Asien und Indianerinnen. Europäische Frauen bitte nicht melden. Schwarze Frauen, wenn sie nur Afrikanerinnen sind. Schreib mir für mehr Details. Geld spielt keine Rolle

Antworten:

1 Wenn du nicht Pervers bist meldest du dich bei mir aus Vietnam 156, 52 kg

2 Angst vor Europäischen Frauen? Du suchst nur Frauen, di du beliebig dominieren kannst. Bei den afrikanischen Frauen hast du dich geirrt. Finger Weg davon lieber Freund.

3 Ich bin xxxxx, aus China. Ich arbeite im Hotel Berlin, Ich bin mit Mann zusammen aber brauche Geld . du kannst mich anrufen xxxxxxxxx

4 Wie viel zahlst du ? meine Freundin wäre bereit eine Stunde mit dir zu verbringen. Xxxx €, wenn du ohne Gummi willst. Lust dann schreib ihr xxxxx

5 Bist du Ein Mann der mit mir W. Verkäuferin, 48J Pferde stehlen möchte. Der weiß wie eine Frau behandelt werden mag? Der lieb, zärtlich vernünftig, kinderlieb und potent ist Fühlst du dich nun angesprochen dann melde dich vielleicht auf einen Kaffee zum kennen lernen?

6 Ich bin ein treuer ehrlicher Mensch bin sehr tierlieb humorvoll liebe die Natur gutes Essen. Ich will nur mal eine kleine Abwechslung. Mein deutscher Mann ist abends immer schon so schlapp. Eine Frau braucht aber

Sex oder? wenn du interessiert bist und mehr über mich erfahren möchtest dann melde dich einfach.

7 Ich möge Sex mit deutschen Mann. Bist du zärtlich und lecker?. Meine Name ist xxxx. Wenn du auch Geld gibst kann auch mit Mundmachen. Melde dich direkt xxxxx

8 Wie viel zahlst du für eine Stunde? Mache nur mit Geld. Komme aus Philippinin, jung, 21J, mein Gewicht ist nur 59 kg.

9 Geld in der Hand, Hose unten. Wie viel die Nacht? Ich kann alle machen mit oder ohne willst du? Ich bin in China, ich bin 32,

10 Du kannst mit Geld und Papieren Asiatische Frauen haben und dich wieder als Mann fühlen. Hast du Angst vor Deutschen Frauen? Wenn du aber ernst meinst und suchst nicht nur eine Frau für deine Perverse Gelüste dann meldest du dich bei mir. Ich wohne in Magdeburg, 34, aus Vietnam

Akademiker, eigene Praxis, 189, 85, 33J sucht dich

vielleicht entsteht etwas Ernstes? kannst du lachen? Spaß am Leben haben? locker aber zuverlässig? Spaß am Sex? vertrauen ist für dich wichtig? liebe Sport, bin weltoffen, kultiviert und locker. melde dich

Antworten:

1 Hallo Herr Akademiker!
Deine Fragen kann ich alle mit "ja" beantworten, bis auf die mit "Sport". . . öhm. . . also das beichte ich lieber gleich: sportlich bin ich nun wirklich nicht, außer einmal die Woche zum Yoga bekomm ich meinen Allerwertesten gerade nicht hoch ;-)
Und da das ja möglicherweise ohnehin ein Ausschlußkriterium für dich ist, will ich dich gar nicht weiter volltexten für den Anfang und lass dir einfach mal noch meine "Eckdaten" da: 33 Jahre, 173cm groß, blond (aber nicht "blauäugig" ;-)) und voll berufstätig.
Falls du dich melden magst, würd ich mich freuen!!
In diesem Sinne. . .
viele Grüße aus Hanau,
xxxx

2 Hallo,
ich bin auch eine Akademikerin, 27 Jahre, 1, 73m, schlank.
Ich bin ein sehr lebenslustiger, freundlicher und sportlicher Mensch, der gerne und viel lacht.
Ich würde dich gerne näher kennen lernen. Ich komme aus der Nähe von xxxx. Liebe Sex in aller Variationen.
Was bist du denn von Beruf?
Viele Grüße
xxxx

3 Viele Grüße von xxxxx.

Deine Kontaktanzeige.

Kurz zu mir, ich bin 26 Jahre alt und ledig, schlank, blonde Haare und denke, dass ich mich mit meiner Figur auch zeigen kann. Ich suche einen Freund, für eine lockere Beziehung, mit gelegentlichen Treffs. Ich schicke Die noch ein paar Fotos wenn du willst.

Solltest Du Interesse haben, melde Dich doch mal. Für ein rein unverbindlichen Kontakt bin ich auch sehr gern bereit.

Wenn Dir soweit alles zusagt und Du Interesse an meiner Person hast, kannst Du mir eine Mail schicken, gern auch mit Bild wenn Du eins von Dir hast, ich melde mich dann.

Ich würde mich freuen wenn ich was von Dir höre.

Bis bald, Rxxxx

Aussehen ist nicht alles, das stimmt aber Pech, weil ich nicht so gut aussehe?

Erfolgsreicher Mann möchte nette sie kennenlernen. Bin Mitte 40, habe eigentlich, alles, was eine Frau braucht, nicht nur Geld -) und bin ein guter Liebhaber aber sie fehlt halt. Melde dich doch einfach

Antworten:

1 Vielleicht, weil du trotz Geld doch nicht gut aussieht? Oder wie ist der Titel deiner Anzeige zu verstehen? Bis du nun hässlich oder nicht?

2 Hallo,
ich sehe auch gut aus. . . . man sagt sogar. . . überdurchschnittlich.
Und Aussehen ist nun mal das was wir auch als erstes beurteilen, deswegen sehr entscheidend. . ;-) Ich bin aber liiert und wenn du eine unverbindliche aber heiße Affäre suchst kannst mich gerne über Whats App an. 016xxxxxxx schreiben
Viele liebe Grüße
Lxxxx

3 Ich komme aus Ungarn und lese deine Anzeige. Ich trenne mich gerade von meinem Freund und suche einen gut situierten Mann nicht nur für Sex. In Sachen Sex wirst du es nicht bereuen. Zwischen meinen Beinen wirst Du den Sex Deines Lebens kriegen. Ich bim Temperament voll, fühle, habe samtweiche aber feste Haut Ich bin 28, 169, 57, Mutter von zwei Kindern . Melde dich dann einfach

4 Ich komme aus Ghana und sucht so einen Mann, wie du. Auch wenn du nicht gut aussiehst, mach mir nichts aus. Ich sehe auch nicht so aus aber ich biete dir, was

weiße Frauen dir nicht geben können. Meine freundliche, aufgeschlossene Art wird es Dir leicht machen Deine Lust frei auszuleben: Knackiger Po, volle feste Brüste, Explosiver Sex, Absolute Befriedigung ist meine Erfüllung. Noch Mut?

5 Hallo, deine Anzeige hat mir gut gefallen. Ich suche einen Mann für Sex mit ein bisschen Tagesgeld. Du kannst hässlich sein, wie du willst. Das ist doch die Natur. Du bist, was du bist und, was der Mann ausmacht ist wo anderns. Wie bist du gebaut? Meine Lieblingsspiele sind: intensives französisch beidseitig, fantasievoller GV, Busensex, Fußfetisch, leichte Erziehung und den Rest verrate ich Dir vielleicht irgendwann mal, wenn du mich zum Orgasmus gebracht hast. Hast du ein erotisches Liebesnest eingerichtet? Kann ich dich besuche? Bei mir geht es überhaupt nicht und Hotel mag ich nicht. Kisses! Menadi. PS: Bin halb Brasilianerin

Wo ist die nette XL bis XXXL Frau

Je dicker und fetter desto besser für mich. Würde gerne von eine Rubenfrau, richtig fett gelegentlich verwöhnt werden und Sie auch verwöhnen. Bin sehr einfühlsam, Potent, gut gebaut, sehe sehr gut aus 195, 96 Kg, Halbprofi-Fußballer und gebunden. Wir können nur bei dir treffen. Hotel und Outdoor nicht möglich, weil Riskant für mich.

Antworten:

1 Ich bin da. Aber körperlich bedingt geht es bei mir erst, wenn du mindestens 22 groß bist. Ich habe nichts gegen Männer mit kleinen Penissen aber XXL lässt keine andere Wahl zu. Bis du so gebaut? Dann melde dich bei xxxx 29, in fester Beziehung.

2 Wie bist gebaut? Wie groß und dick bist du? Ich stand eigentliche auf schwarze Männer, weil sie besser bestückt sind und beim Sex stark sind. Man spürt einfach, dass ein Mann am Werk ist. Für eine Rubenfrau ist der schwarze der richtige aber...Was ich aber hasse bei Negern, ist, dass Sie sehr unzuverlässig sind und nicht treue sein können. Ich habe bestimmt 28 Männer gehabt: Afrikaner, Afroamerikanern, Kubaner, Brasilianer aber keiner konnte treu sein. Ja das Feeling ist super, das Leben leichter aber ich habe Schwierigkeit damit einen Mann zu teilen. Das geht bei diesen Leuten wirklich nicht, egal, was sie versprechen. Nun habe ich mich entschieden wieder meinen Landsleuten zu wenden aber die Erfahrung ist bis jetzt mies. Ich finde kaum einen mit gutem Stück und wenn ja sie sind im Bett zu steif und zu sanft. . Aber vielleicht bist du anders? Wenn ja lass uns mal testen.

3 Mollige rubenslady. . . mit XXL OB (95 F), rasiert. Du verlierst dich zwischen meinen Beinen. Melde dich.

4 Vielleicht bist du für Erotik von a bis z :)? Für Safer und schmerzfrei Sex?, , Bin auch gern ein devoten ihn mit bi Neigung. ich bin attraktiv, sauber, gepflegt mit Niveau und erwarte selbiges. anfragen nach Fotos sind zwecklos. ich bin xxxl typ und nur Zusammen mit meiner Freundin zu haben Sie ist auch XXL. Stark gebaut sollte es sein aber ist kein Muss, falls du andere Talente besitzt. .

Er sucht ihn

Junger sehr gut aussehender Bi-Mann aus den Nahosten, sportlich sucht diskreten ihn

Ich möchte mich trauen endlich mal einen mein Gefühl zu Männern zu gestehen. Ich bin von Männern angezogen aber konnte in Nahosten nichts tun. Ich suche auf diesem Weg attraktive Männer zum kennen lernen. Bitte nur seriöse Männer. Ich bin 25J, 189, 85 kg, sehr sportlich gebaut und überall. Ohne Diskretion geht es nichts.

Antworten:

1 from bangalore. . . INDIA
I head sales for India for a consumer IT pdt mnc . As in sales do travel acoss. I am travelling to Frankfurt for a sales meeting on 9th April -will stay here for 2 night 9th n 10th April.
Looking for some open minded, experiment -seeking female/couple who are flexible and open for the pleasure and fun from the Orient - the YOGIC/MEDITATION filled sex . . definitely different n new from what you practice 🙂
it is different 🙂
I am a jovial, clean and health /fitness conscious 38 yr old athletic male. . I am 5'9" fair. clean shaven . 32 waist (no flab -no bulging belly 🙂) . 69 kg. perfect health. . . no disease. .
loves my daily 1 hr exercise n yoga. . nonsmoker . . and hence healthy
looks forward to meet/mingle/and if mentality match move to next level. Not into desperation. .
For me quality preceeds quantity . .
Hope you too have same inclination. .
Look forward to meet some nice/gentle and mutually respecting loving friends . . after all love is all tht v have and leave back when v go from the mother Earth 🙂 rgds

2 Hallo,
ich habe eben dein Anzeige entdeckt und dachte mir, ich melde mich einfach bei dir. Vielleicht hast du ja Lust mir zu Antworten. Ich komme aus Darmstadt und bin 31 Jahre alt, was man mir wirklich nicht ansieht, 178 cm groß und wiege 67 Kg. Freunde bezeichnen mich als gut aussehend. Wenn Du magst, schicke ich dir gerne ein Foto. Ich habe eine Freundin, die ich bald heiraten werde.
Wie du, fühle ich mich zu Männern angezogen, bin aber ungeoutet. Daher finde ich nur schwer einen Partner. Ich suche nach einer Freundschaft oder einen guten Freund, mit dem ich auch über solche Dinge reden kann.
Würde mich freuen von dir zu hören.
Bis dahin wünsche ich dir alles gute.
Viele Grüße

3 Hallo Araber ich bin der Mxxxx 33J 184cm 75Kg Schlank Aktraktiv Gepflegt Rasiert, Zärtlich und in fester Beziehung .
Verwöhne den Anspruchsvollen Mann nach Ihren Wünschen ich bin Besuchbar in einer Gemütlichen 2 ZW und 100% Diskret.
Bin kein Assi der sich Abreagieren will nein du sollst was davon haben und zufrieden sein.
Biete dir Zärtliches Schmußen Ov-GV ausdauernd in verschiedenen Stellungen.
Gerne auch Outdoor bin sehr gepflegt Akttraktiv und

man kann auch mit mir Reden vorher und auch nachher ich mag keine 5 Minuten Nummer und Frage auch nicht wie war ich denn ich weiß was ich kann.

4 Hi, ich bin Lxxxx, 21 Jahre, 180/80 Schlank, sehr sportlich, sehr nett und etwas schüchtern. Ich habe es nur ein mal mit einen Mann getrieben und es war der Hammer. Ich bin nicht Erfahren und würde mich sehr freuen wenn du mich besuchen könntest. Ich bin ab12-18 UHR besuchbar. Freue mich schon auf deine Antwort. Tchüss

5 Hallo,
ich habe Deine Anzeige gelesen und mir geht es genau wie Dir.
Ich komme auch aus Darmstadt, bin sehr diskret.
Ich bin ein südländischer Mann und von daher auch sehr vorsichtig.
Wenn Du magst kannst du mir ja schreiben.

6 Hall junger gutaussehender Mann, . Bist du echt Araber? Aus welchem Land?
ich bin seriös, 54 Jahre alt und suche schon lange einen jungen Mann für das schöne zwischen zwei gleichgeschlechtlichen. Nun stamme ich zwar aus der Gegend um xxxx aber von Berlin aus sind das mit dem Auto mal gerade ca. 1, 5 Std. Fahrt und für schöne Dinge nimmt man schonmal eine längere Autofahrt in Kauf. Du darfst gerne mal ein paar Tage zu mir

kommen und wir leben unsere gemeinschaftliche Gesinnung mal so richtig aus. Schmusen, kuscheln, streicheln, lecken, blasen, und mehr. Hast Du Lust ? Schreib mir wenns geht mit Bild von Dir.

7 Hallo, ich bin 51 und wollte fragen ob Du mich besuchen würdest! Meine Frau ist für zwei Wochen weg. Möchte wissen, wie Sex mit einem Mann ist. Zuerst möchte ich nur Küssen und streicheln und geblasen werden. Ich will selbst noch nicht blasen. Mit freundlichen Gruss

8 Hallo ich bin xxxx 28 und würde dich gerne kennenlernen. Bin 195 cm groß, braune haare, stabil und groß gebaut lache sehr gerne. Und würde gerne den abend mit dir verbringen aber nur bei dir. Stehe auf Männer aber niemand weiß es und ich will es so belassen.

9 Hallo,
hast Du heute noch Lust zu mir zu kommen? Ich mache dir die Tür auf, meine Augen sind gebunden, die Tür steht auf. Du kommst rein, gehst ins Schlafzimmer, ich liege nackt auf dem Bauch. Du ziehst nur deine Hosen aus und bespringst mich. Du ejakulierst in meinem Arsch, verschwindest wieder. Ich sehe dich nicht und du siehst mein Gesicht auch nicht. Willst du es so haben?

Top Ebony sucht Top Ivory

Schwuler aber trotzdem Mann? Afromann sehr stark gebaut und sehr männlich sucht ebenso ein starkes männliches weißes Pendant. Mindestens 18x 4für lustvolle Sextreffe im Rhein/Main. Bist du Spontan? Wenn ich spontan schreibe meine ich es auch so. NUR BESCHNITTENE MÄNNER Dann melde dich

Antworten:

1 Hallo,
Ich will es auch Ebony. ich war gerade so frustriert mit der Arbeit. Habe am PC etwas in der Datenbank eingetragen und die sind einfach weg. 6 stunden Arbeit weg. Dann habe ich Internet aufgemacht und habe deine Anzeige gelesen. Bei dieser ging mir plötzlich ganz gut. Deswegen habe ich mich entschieden dir zu antworten . Ich bin einen Instinkt-mensch, sehr direkt und aufgeschlossen. ich würde gern dieses Gefühl weiter mittragen und spontan dich fragen, ob wir Morgen unverbindlich nicht treffen können? dabei werden wir uns kennenlernen und über alles reden. wenn wir uns gefallen können wir direkt treiben oder dann wieder treffen. Es ist sehr spontan, aber vielleicht kannst du es schätzen und auch spontan okay sagen? wir könnten in Langen treffen. Gibts dort sehr schöne Parks. okay?
mal sehen, ob du die afrikanische Mentalität (spontanität) mitmachen kann. es wäre toll.
würde mich sehr freuen. PS: bin 20 x 5 cm mehr als okay oder? Xxxxxx

2 Hi, magst Du Wellness, Sauna usw. ? will dich verwöhnen
Ich kenne ein paar geniale Massagegriffe ;-). Da ich einen Freund habe, brauche ich Diskretion
Lust, zu probieren?

3 Super Anzeige . Klar bin ich spontan, aber sooooooooo spontan auch wieder nicht. Würde gern noch ein bisschen mehr über dich erfahren. Zum Beispiel wie Alt du bist, wo du wohnst (Ort), und was du genau suchst. Aus welchem Land du ursprünglich kommst. Ich bin sehr an Afrika interessiert und mag die Kultur und vor allem das Essen. Gehe manchmal in ein Afrikanisches Restaurant. Was hat dich bewegt diese Anzeige zu schalten? Muß sagen das ich das erste mal auf sowas antworte. Deshalb entschuldige das ich soviel frage. Vielleicht kannst du mir deine Telefonnummer schicken und wir reden mal ein bischen. Du bist bestimmt genauso humorvoll wie ich ;o). Übrigens mit 19 cm sollte es nicht dran scheitern

4 bin gerade über deine Anzeige gestolpert und möchte mich kurz vorstellen. Ich bin 29, 1, 71 m und habe ein paar pfunde zuviel auf den Rippen ;o)Ich bin Single und habe keine Kinder.
Würde mich freuen von dir zu lesen

5 Hi, Lust auf eine schnelle Nummer, dauert nicht mal 5 Min.
ich 178/75 hätte Lust mich mit Dir heute um ca. 13. 30 - 14 Uhr zu treffen. Bestens bestück 20 x 5. Was sagst du dazu? Hoffentlich ist das nicht zu spontan :-) Was stellst Du dir so vor?

6 Hallo tue es manchmal mit Black. Aber es wird immer schwieriger, weil Black in ist und werden immer wählerischer. . Ich würde gern durch deinen knackigen Po in xxxxx reinmarschieren. . Lust? dann Treffen in einer Stunde möglich auch gern am Hauptbahnhof

7 Hallo meine Name xxxx. Bin 31J 179 80KG Syrer, lebe allein und besuchbar. Ich will keien feste Beziehung. Nur sex. Ich lasse mich blasen und ficken aber ich blase nicht und fike selbst nicht. Ich kein Schwuler, das muss du wissen. Küsse nein. Das ist für Frau reserviert. Streicheln auch nicht. Ich bin nicht homosexueller. Wenn alles verstanden? Dann melde dich

8 Und ich suche ein elegantes Paar für die schönste Sache der Welt zu dritt. Ich bin Anfang 50, 186/85, Akademiker, verh. weltoffen, gepflegt, ausdauernd. Ich werde dir es sehr gut besorgen. Zwar verliert mein Penis die Spannung alle 10 Minuten aber wenn er wieder steht erledigt er gute Arbeit. Sonst kannst du gern der Mann sein. Das gefällt mir auch.

9 Hallo bin wie du vergeben und möchte dich gern regelmäßig ficken
Melde dich bei mir m, 34, Mehrfachspritzer. .

Dunkelhäutiger Indio-Brasilianer, zum Teil Schwul, zum Teil nicht sucht Schwule Männer

Schwuler oder besser Bi-Mann aus Brasilien seit Jahren in Deutschland, Straßenmusiker, stark gebaut sucht schnellen Sex mit Männer ohne Vorlauf. Egal wo? wir verabreden uns in der Stadt, Disko, Geschäft, Park, Auto, und blasen und wenn es geht auch fi. . . . . Bitte nur gute Antworte werden beantworten

Antworten:

1 Hey hört sich gut an ;)
Bin 23 komme aus xxxx habe kurze blonde Haare blaue Augen bin 1, 91 groß und schlank . vergleichen wir die Penisse. Sehen wir, ob dein Penis größer ist. Bin sehr gespannt, wie ein Indianer-Penis aussieht.
Was wäre es dir Wert

2 Hallo Indio, bin ein guter Ficker mit langem Schwanz, ausdauernd und spritzig Bild auf Wunsch Bild wird auch erwartet

3 Ich möchte mich mit Dir treffen für einen geilen Fick. Bin der xxxx, 186 cm, athletischer hübscher Body, muskulös, schöner Knackarsch. . dunkelbraune lockige Haare, sehr männliche Ausstattung und potent. Ich bin stilvoll, verlässlich, offen und habe kaum Tabus. Dabei auch Dirty und verbal sehr geschult.
Gerne möchte ich mich mit Dir im Hotel treffen, wenn Du Strapse, Strümpfe und entsprechende figurbetonte Kleidung trägst. Ich denke Du bist entsprechend fantasievoll, wie ich auch und wir beide sind heiss auf geiles Vögeln und lecken zwischen Männern.
Bin auch vergeben und kann nur tagsüber ab vormittags bis abends.
Gruß von xxxxx

4 Hallo, mein Name ist xxxx, bin 29 jahre alt, 1, 87m groß, schlank, habe dunkelblonde Haare und braune Augen. Würde gerne bei dir für Kuschelaugenblicke sorgen und dich augiebig verwöhnen. Habe kein interesse an einer Beziehung, sondern bin auf der Suche nach etwa Abwechslung. Wie wärs mit uns? Eine Antwort von dir würde mich sehr freuen. LG xxxx

5 Hi heisser Indianer, es klingt spannend,
Du willst mehr von mir erfahren. . . ?
Ich bin aus der Suche nach einer ausgiebigen und intensiven Erfahrung.
Würde so ein Date gerne mit einem romantischen Essen beginnen.
Was mich reizt ist die Kombination von Zärtlichkeit und Leidenschaft in meinen Fantasien bleibt es oft lange bei spielerischen Berührungen, bis die Begierde die Macht übernimmt und man sich die Kleider vom Leib reißt. Würde so gerne mal die intensive Lust eines gemeinsamen Schaumbades erleben.
Außerdem bin ich ein oraler Typ und kein Ficker-Typ. das ist ein toller Ausgleich?

6 Hi, ich bin 38 und wohne in xxxx. Ich würde Dich gerne treffen. Mein Aussehen: 187, schwarze Haare, grüne Augen. Ich bin spontan, offen, neugierig und liebe Sex. : Bin aber in einer Beziehung. Deswegen suche ich auch keine.

Habe ebenfalls studiert und bin liiert. . .
Freue mich über eine Antwort von Dir. . .

7 Süßer, ich trage gern string und Frauenunterwäsche
Lust?

8 Bin 19 Jahre jung und auf der Suche nach einem aktiven starken Mann. Bei Sympathie darf er mich dann gerne entjungfern damit meine Fantasie endlich in Erfüllung geht :) Ich bin NR und das erwarte ich auch von meinem Gegenüber.

9 Hallo deine Anzeige gefällt mir besonders. möchte erste Erfahrung mit einem Mann machen angefangen von reden, sehen zeigen bis wie es ist sich mit Hand und Mund verwöhnen am besten noch heute abend. bin nicht besuchbar aber gern outdoor, beim gemeinsamen Sauna in Jugendstillbad?, baden

10 hi,
wenn du Interesse an einem treffen bin einem exotischen Rheinländer (gebürtig aus Indien) hast, würde ich mich freuen. deine Bedingungen sind okay für mich. ich hoffe, du bist ausdauernd und fordernd. ich mag es gerne mehrfach. Hotel in Köln und Verpflegung wären kein Problem.
Lg xxxx

11 Hallo Fremder :). Das wäre ein Ding. Ein Indio zu bumsen.

Deine Anzeige hat mich neugierig gemacht. wir verfolgen scheinbar die gleichen Interessen. Ich bin M-22 Jahre, hellhäutiger Typ, passiv/aktiv und ich bin schlank / athletisch gebaut.

Ich suche einfache und diskrete Treffen. Am liebsten im Auto oder irgendwo draußen im freien wo nichts los ist und man ungestört sein kann.

Ich bin bis diesen Samstag jeden Abend bzw. Nacht zu haben. Ich bin mobil, würde mich aber freuen wenn man sich irgendwo an einem vereinbarten Ort treffen könnte.

Bierbauch er, 38, gut situiert, verh. sucht Ihn

Ich suche dich für die schöne Sache zu zwei oder mehr. Außer meinem Bierbauch, bin ich top gebaut und beschnitten

Antworten:

1 Bierbauch gegen Bierbauch, auch verheiratet, es passt doch oder? Hallo bin xxxx bi gebunden aus der Nähe München Bad 41/179/75. Diskretion muss 100% sein. Treffen nur im Hotel. Wir werden beide Masken tragen, um nicht wieder erkannt zu werden. . Na vielleicht meldest dich ja ! Gruß

2 Beim Bierbauch kommt es dann um die Länge des kleinen Mannes an. Wie groß bist du denn? Rede Klartext. Null Einzelheiten über dich. Beschnitten und? Bin auch mit Mann zusammen. Aber es stört nicht. Er ist oft unterwegs.

3 40/175/73 aus xxxx. bin ich besuchbar und mobil aber keine geburtig deutsch aber deutsch und such mir eine mann fur spass und als freund gerne regel mäßig treffen und ich liebe manner mit bauch . bin kein reiner schwule, nur halber schwul, manchmal schwule, manchmal nicht, nur mit manner, schreib mir noch was du magst und werde mich freuen auf deine e-mail bitte

4 Hallo, da würde ich gerne mal kommen. Hast du Interesse. Bin 52 Jahre. Schwanz 17 x 4 komme aus xxxx, lebe in einer Beziehung mit einem Mann, der sehr eifersüchtig und aber im Bett schlapp ist Gruss xxxx

5 Hallo,
bin Mitte 50, Bi, Bierbauch habe ich auch. Bin auch verh. und hätte große Lust einen Mann zu lutschen und mich brutal nehmen zu lassen, allerdings solltest du eine Treffmöglichkeit haben, wo wir es geil treiben können.
melde dich doch mal

6 Hallo, Ich bin Petxxxx, 41, schlank, blond, attraktiv. Ich wohne in Südeuropa, bin verheiratet abe komme aber regelmässig nach xxxxx aus beruflichen Gründen. Ich habe große Lust auf Männer und das wäre eine perfekte Gelegenheit meine Gelüste und Fantasien frei zu leben. Darf ich dich penetrieren? Küssen möchte ich nicht. Das ist nur für Frauen reserviert. Ich kann mir nicht vorstellen einen Mann mit Bart zu küssen sonst können wir alles machen. Ich würde Dich gerne kennenlernen. Gruß,

7 Hallo! ´Bin der xxxx aus Dxxxx! Bin 29/190 und 85kg! Bin sehr sportlich, bi und devot! Stehe sehr auf stämmige Typen mit big dicks! Bin in beide Öffnungen besambar und benutzbar! Bin Mobil! Lg xxxx

8 Wenn du Lust hast dann melde dich. Habe Urlaub diese Woche. Wie lang und Dick ist dein Schwanz?? Ich bin 21 und habe fetten langen XXL Pferdeschwanz. Bin

auch beschnitten. Das ist für mich ein Muss. Nicht beschnittene Männer kommen nicht in Frage.

9 Hallo, Bierbauch ist doch egal. Hauptsache das da drunter ist gut gebaut. So nach dem Motto der Bauch ist der Kompressor für den Hammer darunter.
Bin 53, mollig, leicht devot und ein ausgezeichnete Mundöffnung in der dein Hammer rein passt. LG Bin besuchbar in xxxx

10 hi ich 40j 174/73 sehr nett hübsch und schlank aber ich mag Männer mit bierbauch find ich sexy bin ich besuchbar und bi ABER bin ich kein geburtig deutsch aber deutsch und wann es passt gerne dauer freund bin ich aber sehr diskret wann es dir haut farb nicht aus macht dann will ich gerne dich kennen lernen bin ich bi mann also bitte

Argentinier, potent, ausdauernd sucht beschnittene Männer am liebsten Schwarze Männer auch Europäer.

Ich 32, Bodybuilder, perfekter Körper suche nur gelegentlichen Sex. Ich bin verheiratet und habe Kinder. Ich suche Männer am liebsten Afrikaner aber auch Europäer kämen auch in Fragen für harten und hemmungslosen Sex, Bitte nur gut bestückte Männer, weil ich auch so bin. Beschnitten musst du auch sein. Ohne volle Diskretion geht nichts. Ich bin doch nicht blöd meine Ehe und Ansehen auf Spiel zu setzen, wegen einer Nummer mit einem Mann. Ich warne auch, ich bin nicht Schwul

Antworten:

1 hi, ich bin xxxx, 38, aus Hamburg. ich suche ein romantisches Abenteuer - vielleicht mit dir?! Ich bin nicht schwarz aber bin beschnitten und der Schwanz lässt sich sehen. Ich hatte schon mal eine sexuelle Beziehung mit einem Muslim während einer Geschäftsreise in Dubai. Es war sehr schön ich würde mich freuen, wieder einen aus dieser Ecke kennenzulernen. Freue mich wenn du mir schreibst und wir uns kennenlernen können. alles weitere dann später. lg xxxx

2 lass uns mal in die sauna

3 Angeber. Es kommt nicht auf die Größe an. Hast du das nie gehört? Willst du sagen, dass beschnittene Schwänze besser bumsen als nicht beschnittene? Ich bin beschnitten, es ist klein und es geht mir gut. Lust auf dich habe ich nicht.

4 Buen puesto, bien parecido, suchst du Geld? Ich kann dir gute Männer in Spanien vermitteln. Sie sind alt aber haben halt geld. Doch besser Amigo. Sie können nicht lange willst du??

Bin 19, frischer Schwuler, ständig geil, möchte noch weiter lernen

wer züchtet mich, ich ungezogener wilder geiler Junger? 19/191/88. Antworte mit vielen Infos werden beantworten nur bis 45J

Antworten:

1 Dir gehört ein Nackter Popo voll bis der dann ganz Rot und ganz Heiß ist so dass dein Schwänzchen dann ganz klein ist

3 Mein Penis wurde über 300 Mal geblasen, sogar vielleicht mehr. Deswegen kann ich dich gut züchten. Kann Dir Helfen am Samstag 23 März Können wir

anfangen. Nehme mir dann Zeit für Dich! Geht von bis! Aber nur wenn Du willst. Melde dich einfach

4 Hallo! Ich küsse und schmuse gerne mit Männern. Wenn du auf Kuschelsex stehst, bist du bei mir richtig! Bin zwar schon 46, werde aber von Anderen wesentlich jünger geschätzt! 172cm, schlank xxxx@xxxx.de

5 hallo, ich bin 44-180-schlank, teilras. -schwanz 17-4cm, stark, wie Eisen, aktiv, leicht domi. stehe auf junge- schlanke typen. könnte dir noch was beibringen, bei sympathie ist vieles möglich-von was träumst du-was macht dich an? LG xxxx

6 ich bin ein Älterer Herr 72 immer noch sehr potent. Ich mag auch Sex vor allem mal in der Natur (Spontan) und ich liebe Miniröcke da ich ja schon reif bin habe ich auch reichlich Erfahrung mit dem Weiblichen geschlecht

7 Hallo ich bin 31jahre jung, normal schlank gebaut, blaue Augen, schulterlange Haare. Bin selbst liiert und suche das Abenteuer mit Männern. Männerschwänze in dem Mut ? das liebe ich. Bist du rasiert? Wie lange hält er hoch? Outdoor, Auto usw ist kein Problem und wohne auch nur 1 std von Köln entfernt. Ich würde mich freuen von dir zu hören.

8 Hallo ich wollte mal fragen was dein angebot so alles bietet? Ich komme zwar nicht aus xxxx bin aber die nächste zeit mal dort.
Hab vortbildungen von audi aus. Bin noch relativ jung, 20 jahre alt. Groß und etwas stemmiger gebaut, aber nicht dick. Lieb und verschmust.

9 Hallo,
ich bin Fxxxxx 33j. gepflegt und gutaussehend.
Ehrlich gesagt hab ich noch nie nen Mann gehabt würde es gerne mal probieren;-) Bin aber Bi aber nicht Schwul.
Freu mich auf deine Antwort.
lg xxxx

10 hallo ich bin 22, ich komme aus Barcelona! und ich bin; hoch, dünn, cute, und sportlich!! ich suche sex in Berlin aber ich habe WEB_CAM auch, so ob bist du interessiert, einfach kontakten mir. viele dank!!

11 Warum denn nur bis 45jahre? Ich bin 49 und will auch sex. Beziehung hab ich schon. Aber der sex ist langweilig geworden und zum Kotzen ekelhaft. Wegen Verpflichtungen muss ich mit ihm bleiben. Ich werde dich, wie ein Afrikaner sodomisieren bist du deinen Name vergisst, dich, wie ein Amerikaner blasen, dich wie ein Australier küssen. Du siehst doch: nichts Deutsches. Dann melde dich

Er sucht Paar

Black mik-mak. Black is beautiful and that is wonderful? Ich suche Paare, wo der Mann Black ist.

Ich 29/198/98, geil gebaut, suche Paar in all combination, 2 girls, girl and boy, 1 girl and many boys, but I'm not gay. Melde euch. You are welcome.

Antworten:

1 Ginge es auch zu dritt? Ich bin geschieden, geboren am 19. 7. 1956, wiege 62 kg, bin 160 cm groß und meine Tochter (xxxx), geboren am 9. 8. 1982, ist 163 cm groß, wiegt 57 kg und sie ist vollbusig. Wir wohnen nicht weit vom PLZ-Raum 642 entfernt. Grüsse xxxx.

2 Bitte ich habe die Nase voll von diesem schwarzen Mythos. Was ist wonderfull? Aber wir, ich 45/172/72, sie 160/65 würden dich kennen lernen. Zeig uns doch, dass ihr besser seid. Bist du besuchbar? Hier bei uns haben wir leider sehr wachsame Nachbarn ;-)

3 Hi, würde Dich gern kennlernen, bin zwar ein wenig über 40, auch sportlich, gutaussehend, elegant? - ist eine Interpretationssache. Ein Lady Di Typ bin ich nicht, verfüge jedoch über sehr viel Stil, Geschmack und Ausstrahlung. Ich habe noch nie einen Afrikaner kennengelernt, bin jedoch mit der asiatischen Kultur sehr vertraut. Deine Bemerkung, dass Du "nicht gay" bist, hat mich angezogen. Vielleicht verabreden wir uns zum Kaffee trinken, um uns kennenzulernen? Viele Grüße. Gxxxx und Jxxxx (er kommt noch nicht mit)

4 Hallo
ich habe gerade Deine Anzeige im xxxx gelesen und bin interessiert. Ich bin 33 Jahre, Akademikerin,

brünett, mit Kind und üppiger Figur. Er 28, sportlich nicht bi. Zu meinen Geburtstag? Kommt das dem, was Du suchst, entgegen? Ich antworte Dir gerne auf alles, was Du noch wissen willst.
Bis dahin, xxx

Handwerk gegen Sex. Handwerker oder Haushaltshilfe für Paare oder Frauen

Ich, m, 43, 1, 92, 109, . Mache kleinere Arbeiten wie Reparaturen, Putzen, Entrümpeln. Der Spaß ist für mich dabei, die Tätigkeiten nackt durchzuführen. Es geht mir nicht um Sex im herkömmlichen Sinne. Aber gerne können sie mich auch berühren, wenn ich arbeite. Naja jeder will doch einen Orgasmus aber muss nicht sein.

Antworten:

1 Was kostet der Spaß? Stehst du auch auf Männer? Mein Mann ist bi und ich würde gern nur zuschauen, wie ihr es treibt.

2 Ich finde dich zu dick, damit es erotisch ist. Ich mag gern, wenn nackte Männer in meiner Wohnung putzen und mich zuschauen, wie ich mich mit meinem Dildo befriedige. GV oder anfassen ist verboten. Zeig mal dein Bild und ich würde vielleicht meine Meinung ändern.

3 Sehr gern. Ich muss meinem Keller nächsten Samstag entrümpeln. Vielleicht hast noch einen Kollege, der dir dabei helfen kann? Als Belohnung darsft du mich beim Rasieren nackt sehen. Ich bin 41, 178, 08 Kg. Bis bald .

Schwarzer Attraktiver Afrikaner sucht Paare mit Niveau

Schwarz Afrikaner, Akademiker, Suche attraktive Paare bis 50, mit Niveau für gute und langfristige Freundschaft. Bei Sympathie kann auch mehr, wie Sex sein.

Antworten:

1 Hallo, ich bin der xxx. Ich möchte nicht lange um den heißen Brei herumreden. wir suchen einen netten Black der meine Frau in meinem Hotelzimmer besuchen kommt. Ich bin Mitte 30, sehe "normal" aus, habe durchaus gute Umgangsformen, sie ist Mitte 20 und mag Sex auf seine ursprüngliche Art. Dazu auch gerne anal, wobei das ber kein muss ist. TG ist kein Problem. Magst du uns besuchen kommen? Was sind deine Tabus? Je weniger tabus, desto Höher das TG. . PS: sind vom 27. auf den 30. Januar in Köln!

2 Hi, ich bin ein Mann von 34J, rasiert und gepflegt und habe heute noch Lust auf einen netten Mann. Ich mag eigentlich alles ausser was ins Klo gehört. Stehe auf tiefes langes blasen, lecke gerne und ich mag keine drei Minutennummer sondern gern öfter. Hast Du Lust?

3 Hallo unbekannter, mein Name ist xxxxx und ihr Name ist xxxx. Wir kommen aus Salzburg in Österreich. Werden von 21. 03 abends bis 02. 04 in Hamburg sein. Sie ist meine Mitarbeiterin und wir sind auf einem Seminar unterwegs. Wir sind beide verheiratet, deswegen ist Diskretion sehr wichtig. Und es passt gut, dass du schwarz und noch dazu ihre Fantasie bist. Wir hätten sonst uns nicht getraut, wenn du ein weißer Mensch gewesen wäre. Das Risiko wäre zu groß für uns, unsere Familie und die Firma. . Wir kennen dort

niemanden und hätten daher Zeit und Lust dich kennen zu lernen. Sollte kein Sexdate werden sondern nur ein kennen lernen . Alles andere ergibt sich bei Harmonie dann von selbst. Kurz noch zu meiner Person : 48J, 197, 95 Kg sportlich, Sie 26, 172, 66 . Würde mich freuen wenn du kontakt zu mir aufnimmst Gruß XXXX

4 wir sind ein Ehepaar nicht Bi 48/43 gut gepflegt gut aussehend wir suche dich, wenn du schöne ausgezeichnete Qualitäten hast und ab 20x5cm bist, für einen schönen abend nur als freund bei uns wenn möglich auch mit fotos

5 Deine Anzeige gefällt uns besonders und deswegen antworten wir auch sofort. Vielleicht kannst du uns helfen? Wir ein Paar aus Holland sind die ganze letzte Märzwoche in Frankfurt Sie 30 174cm 69kg 75b und bi Er 26 180cm 74kg Suchen eine Schokofrau oder ein Pärchen mit mindesten einen Black dabei. Die uns in unserem Apartment besuchen möchten sind offen und bei Sympathie brauchen wir keine lange Anlaufzeit Auch ein gut betsücker und vor allem ein Black Man darf sich auch gerne melden. Hast du Lust mitzumachen oder kennst du einen Mann(NUR BLACK), der uns besuchen kann?

6 Schöne Anzeige, Wir sind ein nettes aber sehr versautes Swingerpaar, beide bi-interessiert. Da wir (sie

39 j. , 172cm, 70 kg, /er42, 181cm, 84kg, sportlich, eher devot) die Abwechslung lieben, haben wir uns entschieden auf deine Anzeige zu antworten Kannst du uns2-3 mal die Woche bei uns in Berlin Charlottenburg ohne Gummi richtig Gas geben? Seitdem sie mit einem Black in einem Swingerclub in Hamburg gebumst hat, steht sie nur noch auf dickem Schwanz und auf schwarze Männer, die aber nicht einfach zu finden sind zu mindestens für uns. Keine finanziellen Interessen

7 Big (Black) Cock for my Bitch, ja das suchen wir und sind auf deine Anzeige gestoßen. Wir sind beide 40 J. normale figur . wenn du gut bestückt bist und davon gehen wir fest aus gut bestückt ab 18x5 (Bilder Pflicht), würden wir uns sehr freuen. Das ware für meien Freundin das schönste Geburtstaggeschenk überhaupt. We both are 40 years old and searching for big cock only single and really big cock min. 19x5, 5. -19x6 usw. groß genug

8 Black wo bist du denn? seit fast 6 Monaten suchen wir einen Afrikaner und finde den r nicht bzw. wissen nicht, wo wir schwarze Männer für Sex finden können. In Disko ist es fast unmöglich. Viele Frauen drehen sich um die Kerle, wie Ameisen. Auf der Straße sehen sie immer so Böse aus. Jetzt haben wir deine Anzeige gelesen und hoffen, dass du noch etwa Zeit für uns hättest. Wir sind auch bereit dafür ohne Gummi zu

vögeln. Sie will dich unbedingt lecken. Ich bin nicht bi aber zusammen werden wir sie nehmen. Der eine im Mund, der andere zwischen den Beinen. Anal will sie nicht. Ich hoffe, dass du wirklich gut bestückt bist. Wir haben viele Männer (waren nicht farbig) getroffen, sie sagten alle, dass sie gut bestückt sind und die Realität war enttäuschend. Nun, wo ihre Freundin mit einem Black ist und schwört nur noch auf Black, möchte ich Ihr den Gefallen tun. Wir freuen wir uns auf dich. Sie ist 24J, 169, 71 und ich 21, 185, 79, beide Student.

Spanner, Voyeur ? Lust auf mich? 54/172/95

welches nette Paar läßt sich gerne mal von nettem, sauberen Mann dabei zuschauen ? Gerne auch bei mir . Saubere nette Wohnung mit großem Wasserbett vorhanden. Natürlich auf Wunsch absolut passiv. Ich kriege es aber nicht hoch. Lecken und blasen sind meine Spezialitäten :Meldet euch. Freue mich. Bis bald

Antworten:

1 Deine Anzeige hat uns sehr angetan Wir sind versaut, etwa pervers Wir sind drei Kerle (23, 27und 34), gut gebaut, teil rasiert und lassen uns gern dabei zusehen, Verschiedene Fetische sind auch möglich - alles je nach dem was Du sehen möchtest! Einzige Bedingung: Du bezahlst das Mädel oder die Mädels oder auch der Callboy. Treffen finden bei uns, bei Dir, outdoor oder bei Ihr statt, gerne aber auch im Bordell oder *-Studio, wenn Du da besondere Ideen hast *fg* Mail uns mit Deinen Wünschen und Ideen! Vielleicht treffen wir uns ja schon bald für eine richtig versaute perverse und pikante Runde ;-).

2 Wir besuchen vielleicht in den nächsten Tagen die Thermen in Ludwigsfelde. Meine Frau ist32 Jahre, vollbusig, rasiert, super Figur und wird dort präsentiert. Hast du Lust als Spanner zuzugucken? !

3 Hallo - entschuldige, wenn ich einfach mal mit der Tür ins Haus falle - aber warum soll ich lange drum herum reden? ;-) Interessierst Du Dich auch für einzelnen Mann der masturbiert? Bin 188/98/33, 23x 3 cm. würde mich gern mit dir treffen, und einfach so wie du geschrieben hast, sich treffen, Sex haben und auf wiedersehen! Ganz diskret und ohne Theater!

Mann, wie ein Mann

Welcher paare oder Frau sucht ein Geiler, heißer und scharfer SÜDLANDER mit niveau, 31alt 192gross 79kg, brauner typ mit schwarze haare ohne vorhaut. Normal bestückt aber dafür hart, wie Eisen, teilrassiert für eine schöne stunde sex und verwohnnen. Mehr als eine Stunde schaffe ich nicht. Ich bin für vieles offen bitte nur real treffen Ohne Gummi möglich. Mal sehen. melde dich

Antworten:

1 lüsterne reife gut-wohlproportionierte Ehegattin 65J. sucht nebst Ehegatten, den sehr aktiven- prachtvoll bestückten Hausfreund, sehr temperamentvoll potent, wie du einfühlsam -zärtlich. Liebe Intimmassagen, hart genommen zu werden, sehr intensive mündliche Verwöhnung, besuchbar, gerne auch mit Tagesfreizeit/Übernachtung . die Nacht kann sehr lang sein. Willst du TG? Wir können darüber reden.

2 , , Es passt ganz gut. Meine Frau liebt Massagen und aus diesem Grunde möchte ich Ihr mal etwas gutes und anderes gönnen . Wenn du sie in meinem beisein eine schöne ganz-Körper-Erotik-Massage geben willst, dann melde dich halt. Du kannst besuchen. Benzingeld zahle ich im Verhältnis 1=2 Du tankst für 10€ich gebe dir 20€, selbstverständlich gegen Quittung, damit der eine nicht 10km fährt und meint 50€ getankt zu haben. Doch schön großzügig oder ? Auch bei der Massage ist meine Frau großzügig. Möglichst aus dem raum xxxxxxx bis 30 km. Wegen Nachbaren ist Diskretion wichtig. Stöhnen verboten. Ha habe vergessen sie ist 51/171/78

3 Das wird dich noch mehr anmachen. Wills du nicht schon immer mal intime Film von deiner Sexhandlungen haben? Gutaussehender, diskreter und erfahrener Kameramann (21/190/85) mit eigener Ausrüstung macht Wunschfilme von dir während du sie

fickt. - das Material bleibt selbstverständlich bei dir - keine finanz. Interessen - nur Spass dabei. Ich darf nur nackt sein Lieber Grus

4 Frau, gerade 65j. geworden, möchte fremdgehen und bin auf deine Anzeige gestoßen. Gerne zahle ich dir ein bisschen Geld aber nicht viel. Ich möchte nicht das Gefühl haben, dass ich Sex gegen Geld bekomme, Diskretion ist sehr wichtig und Treffen kann nur 100km entfernt von xxxxxxxxx stattfinden.

Biete Unterstützung nicht nur im Schlafzimmer!

So etwas gibt es doch. Standhafter und Sportlicher Bi-Ehemann 51, 176, 71, mit geschickten und kräftigen Armen und Händen pflegt seriös ihr Haus und ihren Garten stundenweise gegen Aufwandentschädigung in bar und ihre Körper ganz privat, diskret und ohne finanz. Interessen vor, während oder nach der Arbeit und zwar ganz so wie Sie - das nette Ehepaar zwischen x und 75 Jahren es wünschen Laden Sie mich unverbindlich zum Vorstellungsgespräch ein und Sie bekommen live mehr zu sehen als einen kräftigen Arm! Klarstellung: Ich arbeite und sie zahlen mit Sex als Aufwandentschädigung. Ich mache alles, super seriös. weiteren Dienste auf Wunsch gern verwöhne ich auch (von Massage über OV bis GV) Alte Menschen. Nationalität spielen definitiv keine Rolle solange die Chemie stimmt! Ganz nebenbei wär es für Sie wie für mich die perfekte Tarnung im beiderseitigen Nutzen sowohl geschäftlich. wie privat, da ich Diskretion brauche.

Antworten:

1 Auch wenn wir mit Sex zahlen wollen wir wissen, was du kannst und wie ausdauernd du bist, sowie wie groß und dick du bist. Deine Anzeige klingt aber interessant.

2 Hallo, deine Anzeige gefällt mir besonders gut, weil mein Mann 79 ist und möchte noch einmal Sex mit einem Mann haben. alles muss sehr diskret sein. Es wäre eine Katastrophe, wenn man es weißt. Ich bin 45, Ausländerin und mit ihm seit 15 Jahren liiert aber leider nicht offiziell. . Er hat mich hier nach Deutschland gebracht. Seine erste und letzte Erfahrung war es vor 50 Jahren, bevor er diese Karriere machte. Ich glaube, dass wir deine Deckung nutzen können, damit er diese Fantasie noch erleben kann. Auch wir haben Fantasien oder? Wir sind auch nur Menschen und müssen leider auf solchen Umwegen gehen, um als normale Menschen bestimmte Gelüste ausleben zu dürfen. Das frustriert manchmal. Ich gehe davon aus mit meinem Fraueninstinkt, dass du auch in der Öffentlichkeit nicht unbekannt bist Und deshalb stehst auch auf Diskretion oder? Wenn ich mich geirrt haben soll, bitte antworte nicht auf diese Mail. Wenn ja, würden wir uns sehr freuen.

3 Hallo du, Ich bin der xxxxx, ein netter DWT in Nylons String BH und Mini. Ich masturbiere, wenn du staubsaugst. Du saugst meinen Penis auf bis ich

komme. Danach steigst du auf einem Stuhl, ich helfe dir mit den Fingern bist du abspritzt und deine Samen überall auf dem Küchentisch verteilst. Ich will sie dann wegwischen. Das ist meine Fantasie. Lust drauf? Bin 190, 27J alt, Akademiker

Paar sucht sie

Verheiratet, versaut, sucht junge Sie

Wir sind ein versautes Paar aus Hessen, sie 44, er 33 und sind immer ständig geil. Wir suchen eine nette sie bis 21Jahr alt, die sie in der Welt der Bisexualität einführen möchte. Sie ist groß, feste große Busen, sehr schöne Vagina teil rasiert. Nach dem du sie gut geleckt hast dann kann ich euch hart nehmen. Hats du Lust?

Antworten:

1 Einsame sie hat euch gefunden. Suche Paar für die schönste Sache der welt
. . . jetzt schon 1 Monat ohne Sex! Das muss geändert werden. . .
Ich brauche unbedingt mal wieder einen richtig harten Fick und gleichzeitig die sinnliche berührung einer Frau. Ich mag es wenn ich an ihre Nippeln kaue. Ich bin leider 23J alt, 169, 68 kg, auch großbusig.

Bis 500€ für jungen Damen, die ein älteres Paar besuchen wollen

Wir ein nettes Paar (w61 m 54) aus dem Rhein-Main-Gebiet suchen Bi-Dame bis 21 die mit uns zärtliche Stunden verbringen möchte und gern etwas davon bekommen. Die Frau ist seit einem Jahr bi und kann dich sehr gut verwöhnen. Gern können wir Licht ausmachen, wenn diese deine Lust vermindern sollte, das verstehen wir auch. Das ist normal. Wir sind nicht mehr so glatt. Möchtest Du verwöhnt werden und liebst die zärtliche Erotik und TG verdienen? dann bist Du bei uns richtig.

Antworten:

1 Es geht wirklich nicht um Geld junge Frau aus China stehen auf deutsche Männer. Was kriege ich denn, wenn ich euch jeden Tag eine vermittele? Ich fahre sie persönlich zu euch und warte im Auto, bis alles fertig ist. Das macht mir nichts aus. Ich kann auch andere Nationalität suchen. Lust? Melde euch

2 Ich bin 21J als, zärtlich, gut aussehend, und stark bi. Würde sehr gerne die Frau verwöhnen. Mich kann der Mann auch verwöhnen.

3 Verheiratete Frau, etwas älter, 23, mit viel Zeit, kann bereit sein. Mag ihr exotisch? Ich bin türkische Frau. Kann nur wenn Mann zur Arbeit ist. Von 8 bis 15H jeden Tag. Gibt es dann jeden Tag Geld?

4 Bi-Sie ist auf der Suche nach einem netten, gepflegtem Paar, was Lust auf ne menge Spaß zu dritt hat! Bin mollig 175 mit sehr fraulicher Figur. Möchte meine Bi-Neigung gerne mal mit euch ausleben

5 Hallo eure Anzeige hat uns (Lxxxx 20 und Axxx 22) sehr gut gefallen. Wir sind zwei Frauen, die euch besuchen könnten. Es macht noch mehr Spass zu viert als zu dritt. Wir sind aufgeschlossen, studieren hier in

XXXXX und haben Spass am Sex. Wir wollten schon immer wissen, wie es mit älteren Menschen ist.

6 Hallo ich heiße Mxxxx, 21J, komme aus Thailand, machen alles. Und was gibst du, wenn ich ohne Kondom mache? Gibt mehr Geld, wenn ich schlucke?

7 Sehr schöne Anzeige, direkt und fair. Wollt ihr wissen, wer ich bin?

8 junge zierliche frau, ungebunden aus Brasilien liebe Sex mit alten Menschen Temperament pur. Meldet euch

9 Alt ist sexy, alt und jung ist bombastisch. Lassen wir gemeinsam die Bombe hoch gehen. ich 20, 175, 61 wäre sofort bereit. Ich mache gerade Ausbildung und könnte mehr Geld gebrauchen. Ich kann immer nach der Schule kurz vorbei kommen oder am Wochenende. Am Abend geht nicht, da Freund kommt.

10 Devote zierliche schöne Frau Anfang 20 lässt sich von euch malträtieren Bitte Antwort mit Telefonnummer. Bin auch besuchbar. Auf Lust und bis bald.

Junges Paar mit Faible zu ausgeleierten

hallo wir sind ein junges offenes paar ich 19 fast ohne Brüste und er 20 21 x 5 cm, suchen nach einer dritten für gemeinsame schöne stunden, Wir besuchen seit einem Jahr gerne swingerclubs und stehen besonders auf reife Frauen ab 50, mit großen hängenden Busen (richtig schlaff mit dicken Nippels). Es muss so sein, dass wenn du liegst, dass deine Brüste richtig doll zur Seite weg gehen. wenn du dich mit uns austoben willst dann freuen wir uns über eine Nachricht von dir

Antworten:

1 bin halb Amerikanerin, halb Polin in Rhein Main, 59, große hängende Busen nach 4 Geburten. . mein Mann wohnt in Amerika mit den Kindern und ist nur ein 6 Wochen im Jahr bei mir. Ich darf leider nicht mehr nach Amerika deswegen suche ich ein frau/Paar/Mann so dass ich mein sexuelle Bedürfnisse rauslassen darf. Es ist schwer für eine Frau in meinem Alter einen Sexpartner zu finden und als ich las, dass hängende ausgeleierte Brüste willkommen sind, habe ich Lust bekommen und hoffe ihr meldet euch.

2 "lieber eine sau im Bett, als ein schwein im leben" ich liebe diesen satz Wollt ihr ihn mit mir verwirklichen? Bin 61J, noch gut in Form und meine Busen würden eurer Vorstellung entsprechen.

3 Das passt zu meiner Frau ganz gut eure Anzeige. Ich meine sie gefällt mir nicht. Ich stehe gern zu festen Brüsten aber wenn das euch gefällt kann ich sie euch empfehlen. Bei Interesse melde euch.

4 bin eine verh. vernachl. frau auf Abwegen und suche schon lange vergeblich das reale heisse paar für einen langen heissen Sex. mein Mann hat mich seit über 8 Jahren nicht mehr berührt. Er meint immer er würde in mir schwimmen. Ich wäre zu ausgeleiert, deswegen

kommt er immer zu früh oder kriegt er nicht mehr hoch. Das sagte er mir vor 8 Jahren. Ich habe schon Männer per Anzeigen getroffen aber mich nicht getraut mit ihnen zu schlafen. Ich hatte Angst vor Enttäuschung. Eure Anzeige ist meine Chance nach 8 Jahren es noch einmal zu wissen, wie sich ein Penis anfühlt. Ich bin 49J alt, 170, 72 kg

Paar sucht ihn

Schönes elegantes Paar anfangs 30 sucht boyfreind

Schönes elegantes Paar sucht boyfreind mit Niveau. Wir sind 41/33, 185/172, 80/65

Antworten:

1 Hallo,
die Anzeige bei www. xxxx.de ist etwas kurz gehalten, klingt aber interessant.
Nun, vielleicht sucht Ihr das:
Bin 45 Jahre, 1, 85, schlanke- sportliche Figur, dunkle Haare, blaue Augen und XL-bestückt (20x4). Gepflegt und gebildet. Etwas Erfahrung mit Sex zu Dritt vorhanden. Bilder gerne bei ernstem Interesse.
Würde mich über eine Nachricht von Euch freuen, vielleicht wird es ja was.
Liebe Grüße –der Italiener

2 Hallo ihr zwei.
also ich bin xxxx, 38. bin die letzten 2 Wochen beruflich in xxxx unterwegs.
Ich bin interessiert an Spieleabenden, Filmeabenden und bei Sympathie evtl auch für mehr.
Bin kein Mehrfachkontaktler, möchte aber meine Zeit in der ich getrennt von meiner Ehefrau bin nicht so komplett alleine verbringen. ;-). Es wäre richtig dumm und blöd von mir keinen Nützen davon zu erzielen
Evtl habt ihr trotz der Massiven Emailwelle die da auf euch eingeprasselt ist ja doch Interesse mich mal kennenzulernen.

3 grüss euch
bin Mitte 50, 175cm, 72kg und recht jugentl., unheimlich potent, Bierbauch aber, da der Penis lang ist, ist auch kein Problem. Meine Frau kann euch erzählen
lg. Xxxx

4 hi,
ich bin der xxxx, 40. arbeite in frankfurt im büro und bin in festen händen. . . mir fehlt vor allem schönes franzö. . . vielleicht mögt ihr das ja auch? würde mich freuen von euch zu hören. . . lg xxxx

5 Hallo elegantes Paar aus München :)
Eurer Anzeige nach zu urteilen, sucht ihr mich :)
Schreibt mir einfach eine E-Mail und dann können wir gerne Fotos austauschen und schauen was daraus wird!
Ich freu mich auf eure Antwort.

6 Hallöchen!
Vielleicht habt ihr Lust mit mir ein paar schöne Stunden zu verbringen?
Ich bin 36/177cm/81kilo und gut gebaut, verheiratet
Ansonsten bin ich ein warmherziger und offener Mensch mit den man über alles reden kann.
Für romantische Stunden zu Zweit oder zu dritt bin ich natürlich auch zu haben.
Mit mir könnt ihr schönen und langen Sex genießen!
Natürlich bin ich für viele Dinge zu haben.

Kann sehr gut verwöhnen und bin auch für gute Freundschaften zu haben.
Natürlich bin ich Gesund und Zuverlässig.

7 Hallo Ihr Zwei, habe hier gerade Eure Anzeige gelesen. Macht Lust darauf mehr über Euch zu erfahren. Kurz zu mir, bin 39, 196cm, schlank, sportl. aus München und mit schönen 20 x 6 cm ausgestattet. Bin sehr gepflegt und teilrasiert. Mag gerne zärtliche, gefühlvolle Berührungen bei denen die Lust Schritt für Schritt gesteigert wird und dann explodiert. Genauso darf es wild, hemmungslos und einfach geil zur Sache gehen. Hatte bislang nur einmal die Gelegenheit zu einem Dreier - fands aber ziemlich geil. Vor allem auch weil dabei die Frau besonders verwöhnt werden kann. Sauberkeit, Diskretion sowie saver ist für mich selbstverständlich. Habe auch ein bisschen Erfahrung was Tantra anbetrifft und würde Euch da gerne mal was zeigen. Schicke Euch auch gerne ein Bild von mir bei Interesse.

Paar m44 / w37 aus dem Raum Karlsruhe sucht Männer aber Vorzugsweise als erste Wahl Black zw. 20 und 50 J.

du hast eine Treffmöglichkeit? den daran scheitert es meistens.

über ein Foto von dir, deinem besten stück muss mindestens 20 x 6 cm sein (sie will es so) und deinem Po würden wir uns freuen, wir sind keine Fotosammler, wollen aber schon wissen mit wem wir es zu tun haben. Auch andere Männer können sich bewerben aber unsere Erfahrung hat uns gezeigt, dass es mit Black einfach stimmiger war besonders für sie. Antwort mit pic garantiert

Antworten:

1 Hallo, eure Anzeige auf xxxx. de hat mich angesprochen und das hat mich veranlasst mit euch Kontakt aufzunehmen. Ich suche auf diesem Weg ein nettes, ehrliches und lustige Pärchen das genauso viel Spaß am Sex hat wie ich und sich einen geilen aber dennoch niveauvollen, verschwiegenen Hausfreund wünsch der Spaß an Wifesharing verspürt. Erlaubt ist was gefällt. Wichtig ist mir dabei kein Mehrfachkontakt . Wer würde euch gerne treffen? Ich bin ein Single-Mann aus dem Münchner Umland bin 41/185/90, habe kurze hellbrauner Haare, grau- blaue Augen und ich bin Nichtraucher. Leiderbin ich nicht besuchbar (Wohne Tür an Tür mit der Familie), schlimm? Ansonsten bin ich leider etwas schüchtern, niveauvoll und nicht auf den Kopf gefallen. Sexuell stehe ich so auf normale Dinge, schönes Vorspiel. . . ich lecke sehr gerne, Geschlechtsverkehr (natürlich kein Muss), usw. Bleibt mir eigentlich nur noch zu schreiben das ich durchschnittlich gebaut, rasiert bin und absolute Gesundheit (bin aktiver Blutspender), Diskretion, Niveau, Sauberkeit, Verschwiegenheit und keinerlei Finanzielles Interesse 101%ig gegeben aber natürlich auch erwartet ist. Wenn ihr Euch angesprochen fühlt, meldet Euch, vielleicht können wir ja was zusammen ausleben!? LG

2 ich bin nicht Afrikanisch aber südlendisch, geht das?? :)
Die Anzeige gefällt mir sehr gut. Ich mag es sehr gern, eine Pomassage zu geben. Gern auch etwas fester und ab und zu einige Klapse auf deinen nackten Po. ich bin 30 J. sehe nett aus, geflegte, sportlich und gelernte diplommasseur! Freu mich auf deine Antwort.

3 Gefällt euch die Idee, dass ich anfange euch beide zu beobachten und später eurer er anfängt eure sie und mich zu beobachten und ich dann mit eurem ihm eure sie verwöhne? ich mag es gerne eine Frau ausführlich mit dem Mund zu verwöhnen: küssen und lecken, wenn eure sie es mag, gerne bis zum Ende. ;-)) . Dann masturbiere ich und eure er auch und eure sie schaut uns. Dann die Possition69 er mit er und sie schaut nur zu. Gefällt euch das Spiel von Zeigen und beobachtet werden sowie zusammen einen heißen Abend bzw. Nacht zu erleben? es passiert nur, was wir gemeinsam möchten. dann freue ich mich auf Eure Antwort.

4 . bin ein Geniesser in Bezug auf Erotik, Spass zu zweit oder dritt oder viert oder vielen . . . Voraussetzung, gefestigtes Selbstbewusstsein, Offenheit, Eleganz, Eloquenz, Drang und gesunde Neugier nach Erkunden, Ertasten, Erfühlen, Erforschen, Erriechen fremder Haut. . . Nachtrag:. . . stehe weniger auf Frauen die ihre Sätze mit "Joa", "tjoa", "jo", "né", "wa" und anderen Abkürzungen beginnen. ====== . .

5 . a guy, with deep and multiple passions who likes practising, enjoying and experiencing good sex. . . open minded to everything related to sexual practices and experiments. . . typical scorpio in terms of passion, temper, curiosity, energy, ambitious, sex. . . sometimes shrewd sometimes screwed up. . . . . . likes to dance salsa, playing squash, sports and to maintain some fitness level. . . . . . loves sex and interested in a short-term or longer occasional encounters. Oral, anal and enjoying experiments do spice up sexual encounters. Always trying to please the partner and to achieve full fusion between two minds and bodies. . . I like beautiful women (not only the apperance is deciding - the overall character is important as sex starts by stimulating mind, performing sex on different levels and in different sanctum ends in stupid fucking) I like hanging out, enjoying long talks, discussions and travels which I do quite a lot hence being quite flexible in terms of locations for encounters ;-). . .

6 Geh doch nach Afrika, da werdet ihr so viele Blacks treffen. Von wegen 20 x 6 cm mindestens. Dann ist Sie schon so ausgeleiert?

7 HI lady, wenn DU Sex to go suchst dann melde Dich mal, bin 48, gebunden, schlank und Mobil, vielleicht hast Du ja Bock auf Sex im Auto, LG

Paar beide Mitte 30 sucht Männer auch gerne mit schwacher Potenz für zärtliche Unternehmungen

Du musst nicht ein Hengst sein. Es muss nicht hart, wie das Eisen sein, Ich suche für mich und meinen Mann einen zärtlichen Mann. ich brauche nicht 10mn Sex, Ich brauche zärtlickeit. Mein Mann ist Potent genug aber es fehlt mir was anderes. Ob du früh kommst ist nicht ein Problem. Wichtig für mich ist, dass du zärtlich bist, wenn mein Mann mit mir schläft ja Männer, die schwache Potenz haben und dafür ihre Stärke wo anders haben. Bist du ein Hengst, dann melde dich nicht bei mir. Ich halb Brasilianerin, Halb Deutsche werde 34, 171, 68 kg, 85C, mein Mann ist Deutscher leicht bi, 36, 189, 88 kg. Nur ernste Zuschriften werde ich antworten. Du sollst zwischen 25 und 50 sein

Antworten:

1 Hallo Unbekannte, bin 38j. 1, 85m groß, sportlich, schlank, sehr gepflegt, niveauvoll, humorvoll, zärtlich, sehr diskret, nichtraucher, gebunden, aus Nürnberg. Habe einen sehr stressigen Job und werde von meiner Frau sehr vernachlässigt. Potent bin ich nicht komme sehr früh, aber mit meiner Zunge bin ich sehr flink mit der ich dich gern verwöhnen möchten. Würde Dich sehr gern kennen lernen. I

2 Liebe Inserentin,
da ich Deine Kontaktanzeige äusserst interessant finde, möchte ich es nicht versäumen Dir einige Zeilen zukommen zu lassen. Ich bin xxxx, xx Jahre jung und mein Problem beim Sex ist, daß ich viel zu früh komme. Dafür bin ich ein sehr zärtlicher Mann, der sehr gerne kuschelt. Vom Charakter her bin ich übrigens ein sehr liebevoller, einfühlsamer, netter und toleranter Mann mit Niveau. Über eine Antwormail von Dir würde ich mich daher sehr freuen. Viele liebe erotische Grüße

3 Hallo!
Deine Anzeige hat meine Neugierde erweckt und deshalb habe ich beschlossen dir zu schreiben.
Ich habe kein Potenzproblem, aber ich kann, wenn du es so willst, schnell kommen. D. h. , innerhalb von zwei Minuten ist alles vorbei.

Jetzt ist meine Frage, was suchst du denn eigentlich? Denn wenn du jemanden brauchst der dich hin und wieder oral verwöhnt oder dich streichelt, bin ich dein Mann. Ich bestehe nicht auf Geschlechtsverkehr mit dir, ich finde Genugtuung darin dich oral zu befriedigen und/oder dich zu Streicheln. Und wenn es dir nichts ausmacht das ich mich dabei selbst befriedige, dann melde dich doch einfach mal!
Ich werde deine Wünsche respektieren und auf sie eingehen.
Ich bin xxx Jahre alt, xxxx groß, 72 Kilo, gesund, gepflegt und diskret!
Ich bin nicht besuchbar und habe ausschließlich Vormittags unter der Woche Zeit (nicht am Wochenende, da Freundin kommt). Lg xxxx

4 Hallo hübsche, ich schrieb dich vor kurzem schon einmal an und gestand dir, dass ich immer viel zu früh komme. Ich vergas dir folgendes zu sagen. Du suchst nach Zärtlichkeit! Du AHNST nicht, wie viel Zärtlichkeit ich für dich übrig habe. Praktisch als -Wiedergutmachung-, weil ja der eigentliche Verkehr so kurz ist mit mir. Bei Zärtlichkeit kommst du bei mir NIE zu kurz.
Das wollte ich dir dringend noch sagen, bevor du dich -hoffentlich- bei mir meldest.

5 Hallo, attraktive Brasilianerin, ich bin KEIN Hengst, dafür aber OV-Spezialist! Ich möchte Dich wirklich sehr gerne kennen lernen. Ich habe Dir schon einmal geschrieben. Bitte nur kontakten über Handy-Nr. : xxxxxxx bitte NICHT diese Mailadresse. Du hast jetzt schon mein Vertrauen. Danke. Bitte melde Dich doch. Ich freue mich auf Dich. L. G.

6 hallo du,
ich bin ein hengst / meistens / und manchmal komme ich zu frueh / aber dann komm ich nochmal / das kommt auf die frau an / ich bin 45 jahre / 183 cm gross / 80 kg / sportlich / gepflegt / athletisch / deutsch / guter job melde ich du wirst ueberrascht sein was eine brasilianische frau noch alles erleben kann see u

7 Hallo ich bin ein junger mann mit "potenzproblemen". ich weiss jetzt nicht genau, was ich da erklären sollte aber ich habe eine frage: warum suchst du das? worin soll denn die stärke bestehen?
also bei mir ist es so, dass ich generell erst recht wenig erfahrung habe und wo ich erfahrung gesammelt habe, ging mit meinem kleinen peter garnix:). ich sehe das aber auch nicht so als problem an! wie du auch geschrieben hast, sind mir andere dinge wichtiger. ich kann dir noch mehr schreiben, wenn du mehr wissen willst und würde mich über antwort freuen!

8 Hallo,
insgesamt komme ich ganz schön schnell, obwohl Mitte 40. . . Ich kann auch relativ bald wieder. Hättest du da Tipps? Oder sollten wir lieber gleich praktizieren? Diskret, gepflegt, sportlich und attraktiv.

9 Hallo Brasilianisches Temprament,
dein Inserat liest sich schon sehr nach meinem Geschmack, zumindestens, sagt man den Frauen von dort sehr viel Temprament nach - smile. Auch das du es hemmungslos magst. Mal sehen, wie weit du dabei gehst.
Bin selber verh. und suche daher lieber was für öfters und dabei auch weniger die Quicky-Nummer, da ich es lieber sehr ausdauernd mag und auch lieber auf das lästige Gummi verzichten möchte für mehrmals besamende Lust - gerne auch AV - also bitte nicht die 15min. -Nummer, lieber 1oder2oder. . . . Stunden. Am liebsten richtig laut (bin es selber), dirty-talk versaut. Mir würde es auch gefallen, wenn du dabei richtig nass wirst, mag es dabei eine rasierte Möse richtig ausgiebig zu lecken und dann deinen Saft zu schmecken, gerne auch Natursekt.
Ich komme auch aus dem xxxxx Raum, bin 58, mehr der dominantere Typ (nichts brutales, aber lieber härteren Sex als die Blümchen-Nummer), 189, 86kg, Brusthaare und unten komplett rasierte + sterilisierte 18x5. Ich freue mich auf eine Nachricht von dir.
LG xxxx

10 Hallo.
Ich bin auf der suche nach mehr erfahrung
Ich hatte bis jetzt nur Sex mit einer Frau, und bin auch immer früh gekommen. Es war auch immer einseitig, meisten ich oben. Zudem ist mein letztes mal 1 Jahr her. Ich suche jemanden der mir mehr erfahrung bei bringt. Würde mich freuen von dir zu hören.
Bin 25 Jahre

11 Klingt vielversprechend! Bin 30, schlank, sportlich, diskret! Komme bei einer heißen Frau sehr schnell, egal ob bei OV oder GV, halte max. wenige Minuten durch! Das belastet schon sehr, die meisten Frauen stört das! Wenn deine Suche wirklich ernst gemeint ist würde ich mich freuen von dir zu hören!

12 Hallo, dein Inserat gefällt mir sehr gut und ich hoffe endlich mal auf eine reale Frau hier zu treffen. ich träume schon lange davon, schöne Erlebnisse oder eine längerfristige erotische Beziehung mit einer unbekannten und etwas erfahreneren Frau erleben zu dürfen. Meine Schwäche ist, oft zu früh zu kommen und vielleicht. Mich würde es sehr freuen, wenn du dich meiner Schwäche hingibst. Gerne verwöhne ich dich genau so, wie du es am liebsten hast. . . . Zu mir: 22 Jahre alt, schlank und achte sehr auf mein Äußeres. Wenn du willst, sende ich dir gerne Fotos von mir?! Bitte gib mir eine Chance. Schöne Grüße, xxxx

13 beim stossen spritze ich leider meistens sehr schnell ab, dafür verwöhnen ich meien Partnerin gerne ausgiebig mit meinen Fingern und meienr Zunge und liebe es wenn sie dabei immer heisser und nasser wird, immer lauter stöhnt, immer wieder kurz vor dem Höhepunkt ist und nach mehreren Anläufen die nur kurz davor führen schließlich heftig zum orgasmus kommt. Ich bin 41, 1, 80m84kg, dunkelblonde, kurze Haare gepflegt und niveauvoll aber auch sehr lustvoll. Würde mich freuen wenn du dich meldest.
Xxxx

14 Hallo, ich bin 43, 178, schlank und sehr zärtlich. ich verwöhne gerne lange und ausdauernd mit dem mund an allen stellen. aber trotz cockring steht mein penis nicht mehr lange oder wird nicht richtig steif zum eindringen. habe tagsüber viel zeit und lust. wann und wo wäre denn ein treffen möglich? über eine nachricht würde ich mich sehr freuen l. g. xxxx

15 Hallo,
ich bin 41 Jahre, 185cm groß, 95 Kilo schwer (ja, ich weiß, ich müßte abnehmen aber ich habe mir vor 5 Monaten das Rauchen abgewöhnt), habe braune kurze Haare und braune Augen. Bin Ingenieur in Köln.
Ich muss wegen Bluthochdruck seit sechs Jahren Betablocker nehmen, die leider meine Standfestigkeit und Größe des Ständers sehr reduziert haben. Nichts

desto trotz habe ich grosse Lust auf gefühlte Liebe. Ich massiere, streichle und lecke sehr gerne und ausdauernd Vielleicht magst Du mich kennenlernen

16 Hallo,
Das heißt Männer, wie ich werden auch gesucht? Ich bin 26 und habe leider paar Probleme, manchmal komme ich schon nach 3-4 min und oft passiert es, dass während dem sex ich einfach keinen harten mehr bekomme, also einfach weg. Aus dem nix, passiert leider innerhalb von 3-5min (wenn überhaupt) mit 26? Das stresst mich sehr und ich traue mich gar nicht mehr eine Frau anzumachen.

17 Hi Du! Deine Anzeige gefällt mir sehr gut, weil ich große Lust auf Zärtlichkeit und Nähe habe, zurzeit aber auch unter Potenzproblemen leide und nicht lange kann. Ich heiße xxxxx, bin 32 (1, 86m, 85kg, super gut aussehend, sportlich, muskulös) und wohne im xxxxx. Bis vor zwei Jahren hatte ich in punkto Sex gar keine Probleme. Aber seitdem meine letzte Beziehung auseinander ging hatte ich sehr viel Stress. Ich habe meinen Arbeitsplatz gewechselt, aber ich bin trotzdem noch ziemlich am Ackern. Leider klappt es auch im Bett nicht mehr so gut, was es für mich nicht gerade leicht macht. Die meisten Frauen wollen doch einen richtigen Hengst haben. Ich habe große Sehnsucht nach körperlicher Nähe und auch nach Sex, aber ich kann

meine Erektion momentan nicht so lange aufrecht halten und ich komme auch relativ schnell, ca. 2 Minute. Für mich wäre es eine wunderbare Erfahrung, wenn ich eine Frau wie Dich kennenlernen könnte, die mir trotzdem Wertschätzung entgegenbringt. Ich bin an für sich ein sehr liebenswerter, aufgeschlossener und auch kompetenter Kerl. Ich habe studiert, Ich bin ein sehr empathischer Mensch, der sich gut in andere Menschen hineinfühlen kann. Es wäre toll, wenn Du Dich bei mir meldest. Ich habe ernsthaftes Interesse, Dich kennenzulernen. Ich bin mir sicher, dass wir uns Beide viel zu geben hätten. Ich würde wirklich liebend gerne auf Deine Bedürfnisse nach Zärtlichkeit eingehen! Ich schicke Dir ganz liebe und sonnige Grüße und hoffe, dass Du mir schreibst, xxxxx

Paar, Sie gehbehindert 28, und er 31 suchen Paar/Ihn/Sie

Paar, Sie gehbehindert 28, ein Bein ist amputiert, und er 31 suchen Paar/Ihn/Sie für schöne Stunden zusammen

Antworten:

1 ein freundliches hallo
ich bin ein Herr im Alter von 56 Jahren, verh. , 168cm und vollschlank(106kg), Nichtraucher. Ich bin richtig bi veranlagt . leider habe ich schon Probleme mit der Standfestigkeit . mein „Hammer“ wird leider nicht mehr richtig hart . vielleicht habt ihr Interesse, im Fall das ihr besuchbar seit -mich kennen zu lernen
netten Gruß xxxx

2 Hallo Ihr beiden !
ich bin xxxx, 49 Jahre alt und hab heute hier Eure Anzeige gelesen.
ich bin am Mittwoch beruflich in Hannover und suche für den späten Abend noch ein nettes Paar für einen schönen, erotischen Abend. . . .
Falls Ihr Zeit und Interesse habt, würde ich mich sehr über eine Nachricht von Euch freuen.
Vielleicht ja schon bis Mittwoch
Lieben grüß

3 Guten Tag ihr beiden,
hier schreibt euch ein sportlicher und gepflegter Mann mit Herz, Verstand uns Sinn für Erotik und Sex. Wenn ihr sympathisch und einigermaßen spontan seid, dann würde ich mich freuen, von euch bald zu lesen. . . ich bin übrigens sterilisiert.

4 Hi, ich bin ein netter gutaussehender jg. Er 34 Jahre, schlank würde gerne eine nettes Paar oder eine Sie kennenlernen, ich habe wenig Erfahrung suche ein Paar, oder auch eine nette Sie für Erfahrungsaustausch, Erotik, Massagen, Zärtlichkeit, zuschauen oder was auch immer Ihr so für Wünsche und Vorstellungen habt? meine Wünsche sind schon sehr speziell. Aber will es dennoch versuchen hier reale nette Leute zu finden. Bin SEHR diskret, gepflegt, sauber, gesund, Nichtraucher, 34 Jahre, schlank, braune Haare! Deutscher, Mag gerne Videos/Fotos, mein Wunsch wäre, würde gerne mal einem Paar zuschauen, gerne filmen dabei und auch mitmachen wenn gewollt, Augenmasken sind vorhanden könnten benutzt werden wenn ihr wollt. Kann Euch gerne anrufen um die Echtheit vorab zu checken. Würde mich freuen wenn sich ein Paar oder eine nette Sie meldet! Nochmal bin sehr diskret. LG

5 hallo liebe unbekannte,
eure anzeige hat mich angesprochen und ich würde mich freuen von euch zu hören. ich habe keine Probleme mit einer Behinderung.
Ich bin 30 Jahre schlank 180 groß und ich muss zum lachen auch nicht in Keller. Bin ein sehr zährtlicher Mann mit fantasy ohne eindringlich zu sein.
Bin gespannt ob ich von euch höre. .
Lieben Gruß xxxx.

6 Hallo,
Deine Anzeige hat mich neugierig gemacht und ich würde Dich gerne kennenlernen und ein erotisches Treffen mit Dir erleben.
Natürlich bin ich einerseits neugierig, wie du mit der Behinderung ficken kannst und zum anderen interessieren mich Deine Vorlieben und Vorstellungen von einem Treffen.
Mal ein paar Worte zu mir: ich heiße xxxx und bin ein netter aufgeschlossener junger Mann aus Köln, 35 Jahre alt, 185 cm groß, wiege 90 kg, , bin sehr gepflegt und intimrasiert.
Ich bin eigentlich für so ziemlich alles zu haben von oralem Verwöhnen über normalen Verkehr oder anal, und vielleicht hast Du ja noch andere Dinge, die Du mal probieren möchtest. Nur auf Schmerzen und SM stehe ichnoch nicht aber wer weiß? .
Wenn Du Lust hast, melde Dich doch mal, ich freue mich!

7 Hallo Ihr zwei. . .
bin eben über Eure kurze und prägnante Anzeige gestoßen. . . Ich bin xxx, 31 aus xxxx bei Stuttgart. , halb Holländer, Halb Deutsch. . Stehe mit beiden Beinen im Leben (soll keine Anspielung sein!!!), habe Niveau und Hochschulabschluß ;-) und suche gerne Möglichkeiten meine Fantasien und Gelüste außerhalb der Ehe und der Normalität aus zu leben. . .
Ich suche erotische Freundschaften zu paaren die Lust

und Freunde auf einen selbstbewussten und attraktiven Mann haben.
Bin 1m85 groß, sportlich, dunkle Haare, grüne Augen und trage meist Hemd, Jeans, Sakko aber auch gerne mal einen schlichten Anzug. . .
Aus beruflichen Gründen bin ich öfter in Eurer schönen Gegend, deswegen passt es perfekt für mich. So brauche ich mich nicht zu verstecken. .
Würde mich sehr über Eure Antwort freuen. . . .

Chocolate and Milk

Meine Freundin bzw. Meine Bettgefährtin ist ein schönes Black Wunder, mit sehr großen spitzigen Naturbrüsten mit runden festen Nippeln. Sie ist sehr knackig und Cellulite frei. Ich bin weiß, groß und gut aussehend. Beide Ende 20 suchen einen guten Liebhaber auch gerne eine Frau im Raum Frankfurt, da wir beruflich einmal im Monat sind und können nur so unsere Fantasie ausleben. Du musst unbedingt beschnitten und im Bett aktiv sein. Wenn nicht beschnitten gibt es kein Blasen und Penetration. Ich bin bi.

Antworten:

1 Sofort Interesse. Ich weiß, dass schwarze Frauen sehr aktiv und im Bett sehr fördernd sind. Viagra lässt grüßen und hat mich noch nie im Stich gelassen. Deswegen glaube ich, dass ich dabei bin. Bin Männlich, liiert, 48, schöne Figur, Wohlhabender. Das heißt Geld wäre auch kein Problem. Nicht verpassen. So viele Chance im Leben hat man nicht.

2 Hi, du bist die erste die ich bezüglich einem dreier anspreche. Mein Mann und ich träumen seit längerer Zeit von Sex mit einer zweiten frau und dass deine Frau Black ist, ist toll. Wir wollen Sie, ich will sie lecken. Bitte unbedingt. Wir wären auch bereit bis 300 € dafür zu zahlen. ich bin 24 und er 30 Jahre alt. Wenn deine Anzeige ernst gemeint ist würde ich mich freuen wenn du dich meldest. Ist eine Überraschung. lg

3 hallo, ich hätte großes intreße ich bin schlank, rasiert und bin sehr spritzgeil, ich stehe auf sehen und zeigen, Ich würde mich freuen von euch zu lesen und auch zu sehen, gerne sende ich euch dann auch bilder von mir, ich liebe es mich zu zeigen und stehe drauf wenn das paar gerne sieht wie er vor ihr abspritzt, und liebe es eine frau lange zu le-cken lg xxxx

4 hi, er 33 170 mit Mann in Beziehung und rund und, Interesse mit 12 x 5?

5 Das ist der Traum von jedem Mann, eine schwarze Frau im Bett zu haben. Ich lebe in Frankfurt, sehe gut und sportlich aus, Ich habe einen sehr guten Job in Führungsposition einer Bank. Bin allerdings verheiratet aber kann als Alibi Geschäftsreise, ein oder zwei Tage abwesend sein und mit euch treffen.

6 Hallo Ihr zwei, , hoffentlich seit Ihr mir nicht böse, ich würde Euch gern nächste Woche unverbindlich besuchen. Wenn das geht bitte mehr per Mail.
Viele Grüße

7 Du hast Glück Mann. So eine Frau suche ich seit Ewigkeit. Wie hast du gemacht?

8 Hallo hast du Mut zu sehen, wenn ich als schwarzer Mann, (22, Student, 195, 86 Kg, Muskelpaket, big Cock, ausdauernd) sie fertig mache? Ich habe ein Wohnung und meine Freundin ist der Zeit in Kur. Wir können deswegen bei mir zu Hause anzünden.

Paar sucht Paar

Welches Paar schaut Paar zu in öffentlichen Plätzen ?

Paar sie 34, er 24 sucht Voyeure, Spanner die ihr in Öffentlichen Plätzen zwischen die Beine gucken möchten und ihm beim Masturbieren auf Klo zuschaut. Sie ist immer nackt unter den Kleidern. Sie hat ein ausgesprochen schöne und große Muschi. . Kein GV aber dabei kann die frau sie fingert und der Mann ihn küssen. Wir haben nur an den Wochenenden Zeit. Auch Ausländer auch ohne Sprachkenntnis sind willkommen.

Antworten:

1 Wir sind dabei. Wir haben ähnliche Neigungen und lieben gern diskrete Szene am Bahnhof. Bxxx & Rxxxx 50 und 45

2 Es klingt fantastisch. Wir würden euch sofort kennenlernen. Wann, wo, ??? gerne zahlen wir gutes Geld dafür

3 Wir mxxxx 32 und ich Kxxxx 29 haben auch ausgefallene Neigungen und zwar kann meine Freundin nur kommen, wenn wir in einer Umkleidekabine sind. Ich brauche dann nur ihre Brüste zu berühren und gleich kommt sie. Es würde ihr Spass machen, wenn wir in der Kabine sind und ihr so tut, als ob ihr zufällig.... Ihr versteht. Wir können dann kombinieren, so dass ich später oder dabei deiner Freundin zwischen die Beinen gucke

4 Wir haben große Lust. Wir werden schon sofort geil, wenn wir uns vorstellen, wie deine Freundin im Park liegt, Beine auseinander und wir paar Meter entfernt sitzen und ihre Muschi sehen. Wir sind sehr gepflegt und angesehen. Diskretion ist deshalb 100% Ehrensache

5 Unsere Neigungen sind Sex in Parkhäusern und leeren Straßen in der Nacht. Habt ihr auch Lust?

6 Sie sitzt in der Straßenbahn oder im Bus oder auch im Zug. Mit einem Vibrator in der Muschi. So bald es rollt, macht der Mann sehr diskret den Vibrator an und regelt je nachdem, wie laut es in dem Wagen ist die Intensität bis sie kommt. Habt ihr schon probiert? Wunderbar für die Frau. Besserer Orgasmus gibt es nicht.

Weiße bi sie und schwarze er mit Niveau suchen bi Paare für Sex zu 4

Wir suchen Paare und Frauen, die Lust haben mit uns zu treffen und das volle Programmdurchzuziehen. Kein Bi-Mann sonst sind wir für alles offen und es kommt nicht darauf, wie bestückt du bist, sondern, wie locker du bist.

Antworten:

1 sportlich, gepflegtes, lustvoll neugieriges paar ohne Hemmungen. . . .

2 Hi Ihr Beiden,
hört sich sehr interessant an was Ihr da geschrieben habt. Desweiteren sehr romantisch. Wir sind (sie34, kräftig-er, 40 schlank) tageslichttauglich *zwinker* und Neulinge. Vielleicht schreibt Ihr uns ja mal zurück und. . . . . . wer weiss :-)
xxxxxx/xxxxx

3 Hallo,
eine "Einführung" in die Liebe unter Frauen interessiert mich, und ich habe damit auch noch keine Erfahrung gemacht.
Ich bin 37, 1. 76 m, 81 kg, 90 C. mit einem sohn 18. Die Zeit kann ich rel. gut einteilen. Ich bin in einem Agrarunternehmen für Büro und Kälber zuständig. Mein LG "gestattet" mir den Kontakt zu Frauen, aber möchte an Treffs gern teilnehmen. Also wäre es schön, wenn wir Treffs zu viert veranstalten können. Die Männer brauchen wir dabei zwar nicht (meine ich), aber ich will die Beziehung auch nicht scheitern lassen. Er ist auch verantwortungsbewußt (da Jurist) !

4 Hallo Du,
grunddds. habe ich Interesse an unserer Begegnung und an wilden erot. gemeinsamen Spielen.
Ich bin gebunden, aber nicht verheiratet. Du kannst Deinen Mann gern mitbringen, aber ich möchte meinen dann auch dabeisein lassen.
Generell habe ich aber ein viel größeres Interesse an unseren weibl. Spielereien.
Ich bin 38 J. , 1. 76 m und wiege 81 kg, und da oben biete ich Dir BH 95 C. Meine "Lustgrotte" ist enthaart und bereit für den OV, denn den liebe ich sehr. Oben habe ich auch gern hartes Kneten meiner gr. Brustwarzen.
Keine Angst bzgl. des Verhaltens. Ich bin auch in einer gr. landwirtschaftl. Firma beschäftigt und habe dort selbstverst. korrekt aufzutreten

5 hallo grüsse euch!!
habe ich heute eine Chance euch zu treffen Ich möchte nur dabei sein und sehe, wie Blacks bumsen. Nur Zuschauen und dabei onanieren. Gerne spritze ich auf ihrem Gesicht. Melde euch, wenn diese eurer Fantasie entspricht

SM / Fetisch

Heiße dominante Lady verwöhnt Dich mit ihren schönen Füßen

Hübsche junge Dame, top Figur, wunderschöne gepflegte Füße, erotisch, leidenschaftlich und gerne auch dominant, verwöhnt Dich nach deinen Wünschen, mit ihren Füßen und duftenden Nylons. Ich bin eine strenge, jedoch sehr liebevolle Herrin, die weiß, was ihr Fußabstreifer braucht. Diskretion und Sauberkeit geboten und erwartet.

Antworten:

1 Hallo
sie haben ein sehr interessantes Profile und sehen sehr geil aus Es wäre mir eine große Ehre und Aufgabe vor Ihnen knien zu dürfen.
Und Sie sich an mir ausleben nach Ihrer Lust und Laune. . . .
Bitte beachten Sie nur meine Tabus: Männer, KV, Nadel, Blut, bleibende Schäden und alles ungesetzliche!
Wünsche Ihnen schönen Tag.
Gruß Sklave xxxx

2 Ist es möglich das wenn Sie es wollen und Lust dazu haben das ich Sie auch weiter oben mit meiner Zunge verwöhnen darf an Ihrer göttlichen stelle?

3 Hallo!;-)
deine Anonce klingt sehr verlockend und spricht mich sehr an!!Wenn Du an einem Mann, 51 Jahre jung, 1, 94 gross, sportlich, attraktiv, charmant, gepflegt und rasiert. . Stehe auf ficken mit dem großen Fußzeh in meinem Arsch. . interessiert sein soltest, dann ruf mich doch gerne mal an

4 Ich will nicht nur deine Füße ablecken aber die auch gern beißen. Keine Angst nicht abbeißen : -). Meine

Alte zu Hause ist zu altmodisch aber ziemlich eifersuchtig. Deswegen ist Diskretion sehr wichtig.

5 Hallo mein Name ist xxx ich bin 69 Jahre alt und komme aus xxxx, gerne bekomme ich deine Dominante Wut zu spüren.

SM-Sex? Perv. Sex? hast du Lust drauf?

SM-Sex? Perverser. Sex? Schmutziger und schmerzhafter Sex? hast du Lust drauf? Ich Arzt, liiert suche sehr Diskrete ein bisschen Abenteuer. Bin34/190/85

Antworten:

1 hallo hr. doktor :-)
suchst du männlich oder weibliche SMler ???
ich hätte interesse wenn du männlich suchst ;-)
bin 42j, 187cm, 79kg, behaart, unten rasiert, leider ein bisschen klein aber dafür sehr ausdauernder lecker und bläser und sm erfahren ;-). Du kannst mit mir tun alles, was du willst. Ich will Schmerzen spüren, ich will Luftmangel spüren :-)

2 ja hallo das würde ich gerne mal ausprobieren ich bin aber totaler anfanger ich bin 30 188 93. Seit Jahren fantasiere ich so davon, dass ich kaum noch mit meiner Frau schlafen kann. Soft Sex ekelt mich regelrecht. Ich will, dass es mir weh tun beim Sex. Ich stelle mir vor, wie man meinen Penis beißt, wenn ich komme. Ich will gefesselt werde und noch mehr. Willst du mir helfen? Ich zahle sehr gerne dafür. LG

3 Hallo, hab gerade Deine Anzeige gelesen und wäre interessiert. Bin 22 Jahre, jung, attraktiv, normale Figur, 179 groß. 21 x 5 cm Ich stehe total auf Lackkleidung und könnte mir vorstellen das Du sowas für mich trägst (würde ich zur Verfügung stellen), mich anmachst und mir so einen ausgiebigen Handjob machst, gerne auch in Latexhandschuhen. Klingt zwar alles jetzt ziemlich extrem, aber ich glaub so schlimm ist das doch gar nicht. Ansonsten bin ich ein völlig

bodenständiger Mann der fest im Leben steht, hab halt diesen kleinen Fetisch, frag mich warum, ich weiß es selbst nicht. Falls Du nicht abgeneigt bist würde ich mich natürlich freuen von Dir zu hören. TG ist Verhandlungssache, sollte sich aber im Rahmen halten. Falls wir uns verstehen können wir das gerne öfters machen, ich hatte schon mehrere Treffen diesbezüglich, leider war nie die Richtige dabei, vielleicht kriegst Du das ja so hin wie ich mir das vorstelle. Bin sehr nett, deshalb sollte auch ein nettes Gespräch dabei sein. Würde mich freuen von Dir zu hören. Viele liebe Grüße! Bondy

Lust für wilden Sex mit einem Transvestit?

Welche Frau/Mann/ Paar hat Lust für wilden und auch mal perverser Sex mit einem Transvestit aus Schweden? Outdoor oder ungewöhnliche Orte sind mir am liebsten. Bin 31, sehe sehr gut aus mit echten Busen. würde mich über deine Post freuen

Antworten:

1 Kannst du mich in der Pause in meinem Büro diskret verwöhnen und mich an deine Busen lutschen lassen? Taxikosten ;-) du wirst selbstverständlich in angemessener Höhe bezahlt. Bitte sehr diskret. Ich rufe dich zurück. LG

2 Hast du noch einen Penis oder ist er weg? Ich frage nur so. Es ist mir egal. Wenn er da ist muss er stehen. Steht er?

3 Nur wenn du wirklich, wie eine Frau aussiehst, hätte ich Lust diese Perversität zu probieren. Es kann nicht schlimmer sein, als mit einem Mann zu schlafen und das habe ich schon getan

4 Bist du operiert? Steht er oder steht er nicht? Wenn du operiert bist, dann freue ich mich auf dich. Die Vorstellung ist geil man. Wenn nicht operiert, dann bist du ein Mann und mit Männer vögele ich nicht.

5 Hallo. . Ich bin sehr interessiert an einer geilen Transe. Ich bin 51 Jahre, 180 cm, 78Kg, blond, 22x7 cm. Du kannst mich in Köln besuchen. Schicke mir ein Bild.

6 Hallo ich bin eben über deine Anzeige gestolpert ich hätte lust auf Sex mit dir bin rasiert, schwarze Haare

Bin aber ein mischling halb deutsch halb xxxx und habe auch nicht so ein Ding in der Hose, wie andere Schwarzen. Normal, wie ein Europäer. Bin halt halber Europäer. Pech für mich?. Wenn du Interesse hast melde dich doch einfach mal

7 hallo du, ich bin schon lange auf der suche nach einem transvestiten, so in deinem alter! finde es toll, dass du einen richtigen busen hast! hast du den busen von natur aus, oder ister dir gewachsen, nachdem du dich evtl. kastrieren lassen?? hast du dir schon mal über-legt, ob du dich einer geschlechts-angleichenden op machen lassen willst? oder bist du schon operiert?ich habe auch eine körbchengrösse B! trage sehr gern damenwäsche, und bin psychisch eher emotional feminin, eher zärtlich, als männlich-rau, liebe klassische musik, barock-musik! gehe gern in die oper, lese gern klass. literatur! trinke ab und zu mal ein bisschen wein! hast du vielleicht ähnliche interessen? würde mich riesig freuen, wenn du mir evtl. antworten würdest! lieben gruss, dicken kuss, xxxxPS leider bin ich schon Mitte 70, 191, 82, wohne in xxxx, bin aber noch sehr potent ohne Viagra und faltenfrei gut bestückt. Diskretion ist mir sehr wichtig. Deswegen würde ich dich als Chauffeur präsentieren. Von mir aus bekommst du auch viel Geld. Kinder und Frau müssen nichts ahnen. Wenn du einverstanden bist schreib mir zurück.

8 Hallo! Ich mag es wenn Busen und Schwanz da sind, stehe ich drauf, hätte Lust auf geile perverse Dinge und Sex. . . Was stellst Du Dir so vor ? Gibt es Bilder von Dir ?Wo wollen wir uns Treffen ? du kannst mich abends im Büro besuchen.

9 ich suche einen geile transe für mein bordell in leipzig wohnen möglich

www.ingramcontent.com/pod-product-compliance
Lightning Source LLC
Chambersburg PA
CBHW060228050426
42448CB00009B/1348

* 9 7 8 3 9 4 6 5 5 1 4 0 9 *